跨越财富鸿沟

跨越财富鸿沟

通往共同富裕之路

沙烨 著

当代世界出版社
THE CONTEMPORARY WORLD PRESS

谨以此书，献给一百年来
为中华崛起而无私奉献的中国人民

序

《跨越财富鸿沟》一书篇幅虽然不大,但立意深远、主题清晰、观点鲜明、饱含激情。贯穿全书的是两个关键词、一个中心思想。一个关键词是"财富鸿沟",另一个是"先富阶层";前者是面临的挑战,后者是对话的对象。围绕两个关键词展开的讨论,指向了本书的中心思想:共同富裕,即亿万中国人追求的目标。

先说第一个关键词。财富鸿沟是人类社会的顽疾,它既是一项老挑战,也是一项新挑战。

说它"老",是因为早在有文字记载的历史之前,从原始社会瓦解、私有制产生起,贫富差别就开始出现了。考古发掘揭示,旧石器时代晚期,世界上已出现一些较为豪华的墓葬。进入新石器时代,这种现象就更加普遍了。赵宝沟遗址(距今7200—6400年左右)表明,先民已存在等级高低之分;大汶口遗址(距今约6500—4500年)显示,当时社会的贫富分化相当明显。

孔子推崇西周(距今约3070—2800年)说:"周监于二代,郁郁乎文哉!吾从周。"然而,西周时期的贫富分化相当严重，大小墓葬差异巨大。到了孔子生活的春秋时期，他观察到："丘也闻有国有家者，不患寡而患不均。"战国时期，"不均"状况更加严重，"庶人之富者累巨万，而贫者食糟糠"。接下来从秦汉至隋代时期，财富鸿沟依旧，"富者田连阡陌，贫者无立锥之地"，出现了一个"豪民"阶层。唐宋时期，贫富分化进一步加速，造成了"贫者愈贫，富者愈富"的局面，"富民"阶层登上了历史舞台。元明清时期，贫富悬殊远超前代，"贫民不得有寸土，缙绅之家连田以数万计"，顾炎武曾引用明代张涛《歙县志》的内容感叹道："富者百人而一，贫者十人而九。贫者不能敌富者，少反可以制多。金令司天，钱神卓地，贪婪罔极，骨肉相残。"

正是因为历朝历代财富鸿沟巨大，"均贫富"曾是中国历史上绝大多数农民起义时打出的旗号。"吾疾贫富不均，今为汝等均之"道出了千千万万贫苦农民的心声，因此往往一呼百应。中国共产党领导人民开展革命，本质上也是要改变旧社会种种严重不平等的状况。

财富鸿沟绝不是中国历史上的特有现象。2017年一项对全球63个考古遗址的研究发现，从距今1万年前到2000年前，财富基尼系数一直呈上升趋势。比孔子出生晚一个多世纪的柏拉图在《理想国》中谈到他所了解的那些古希腊城邦，指出它们"定然不是一体，而是二体，一是穷人的国度，一是富人的国度，同住一片空间，却总是互相谋害对方"。有人认为他所在的雅典，财富基尼系数至少达到了0.7

的水平。罗马共和国后期，财富在统治阶层中大量积累；进入帝国时期，不平等状况变得极端严重，顶层富豪的收入几乎等于普通人年均收入的150万倍。

黑暗时代的社会崩溃、混乱降低了欧洲的不平等程度，但到1347年黑死病暴发的前夜，其整体上又变得极为不平等，据估算，那时巴黎与伦敦的财富基尼系数分别达到了0.79和0.76以上。黑死病过后，财富鸿沟再次迅速扩大。到1427年，佛罗伦萨的财富基尼系数已接近0.85。从中世纪晚期到现代早期，西欧各地的财富基尼系数至少都在0.75以上；某些地方（如德意志的奥格斯堡和英格兰的都市区）该系数高达0.85以上，这意味着财富高度集中在极个别家族手中。1500年到1800年之间，几乎在欧洲所有存在数据的地方，财富基尼系数都呈上升趋势。在内战前的美国南部，基尼系数更高达0.9；美国整体的财富不平等水平在1800年后也一直持续上升，直到第二次世界大战爆发之前达到巅峰。

财富鸿沟也可以说是一项新挑战。它的"新"，有两层含义。

一是从过往的趋势看，从大萧条后到20世纪70年代中叶，当国际共产主义运动蓬勃发展、社会主义阵营日益强大时，不仅社会主义国家本身（如中国和苏联）的不平等水平相当低，全球各国的财富不平等水平也曾持续下降；然而，随着国际共产主义运动弱化，全球各国的财富不平等水平都开始回升,并在过去十余年上升到引起广泛关注与警惕的程度。

在这方面,美国是一个颇具代表性的例子。它的突出特点是,20世纪70年代是个分水岭,之前,其财富不平等水平低于欧洲国家;之后,其财富不平等水平超过欧洲国家。在本书第三章里,作者对美国个案有生动、细致的描述。毋庸讳言,中国的财富不平等水平也有一个由低走高的趋向,绪章和第一章为此提供了翔实的数据支撑。

二是从未来发展方向看,"与传统经济发展不同,数字时代的财富创造与集中速度前所未有",有可能"放大了当前财富分配机制的缺陷,造成更为严峻的贫富分化问题,使各阶层之间的财富鸿沟越来越深"。本书第四章对数字财富鸿沟鞭辟入里的分析给我留下了深刻印象,正如作者所说,"作为数字经济时代的领先跑者之一,中国有责任探索如何规制互联网平台这种新型的经济现象,并找到缩小贫富差距的方法。这不仅关乎中国,也关乎世界"。

再说第二个关键词。"先富阶层"是一个颇具中国特色的提法。

书中谈到占人口总数极小部分的顶层财富精英时,不知是有意识还是无意识,在中国语境中,称他们为"先富阶层"或"先富人群",在国际语境中,称他们为"富豪"。在严格意义上,所有富豪都是先富人群,因为大多数人远远落在他们后面。但是,在欧美老牌资本主义国家及像印度、巴西这样的发展中国家，那里先富人群中的很大一部分已经"先富"了几十年甚至几百年。一项对佛罗伦萨社会流动史的研究发现，虽然历经1427年至今的6个世纪，但财富继承性和精英职业持久性的证据依然十分显著，这意味着"存在着一个保护上层阶级的后代不至于在经济阶梯上跌落的玻璃地板"。其实，佛罗伦萨并不是特例，意大利其他地区的情况大同小异，美国、英国、法国的情况也差不太多。也就是说，中国人常说的"富不过三代"未必适用于这些国家。久而久之，人们已对高高在上的财富阶层习以为常，不会再将他们视为"先富阶层"，而是直称"富豪"。

中国则不同。革命曾推翻了一个骑在人民头上作威作福的财富阶层。中华人民共和国的头三四十年，不管是收入基尼系数还是财富基尼系数水平都很低。那时，社会相当平等，不存在一个与众不同的财富阶层。而在过去三十多年，收入差距逐步拉开，一些人的腰包率先鼓了起来；日积月累，增量的差异变为存量的差异，财富差距逐步扩大。不过，毕竟到目前为止，这种情形只存续了一代人的时间，大家都很清楚，现在中国的财富阶层还只是一个"先富"起来的阶层，暂时领先于大多数普通老百姓。由于先富起来的时间还不长，中国的财富基尼系数虽然增长很快，但其水平还不算太高。根据瑞信研究院发布的《全球财富报告2019》，截至2019年，中国的财富基尼系数在有数据的173个经济体中，排名112，不仅大大低于美国，也大大低于瑞典、丹麦、挪威等以收入差距水平低著称的北欧国家。除此之外，虽然中国的社会流动性在降低，但直到不久之前，社会流动性水平依然高于多数西方资本主义国家。今天中国先富起来的那批人，几乎没有几个来自大富大贵的家庭。如果财富基尼系数不再大幅攀升，如果社会仍保持较高程度的流动性，如果消除出现社会固化的隐患，先富带后富，后富超先富，中国完全有可能跨越财富鸿沟。

作者担心的是，先富阶层中的不少人正在试图完成从自在到自为的转化，希望将自己的先富地位永久化，并为此千方百计地寻找理据。这种担心不无道理。

两百年前，就有这么一个先富阶层试图这么做。那时英国正处于第一次工业革命时期。收入与财富分配变得越来越不平等，一些人赚得盆满钵满，但大多数人的生存状态没有改变或变得更加恶劣，19世纪上半叶人均预期寿命不升反降。面对日益尖锐的阶级矛盾，先富阶层需要自己的辩护士。边沁（1748—1832）的功利主义应运而生。边沁以所谓功利原理和自利选择原理为理据，为经济自由放任摇旗呐喊，主张除了保护个人自由和私有财产安全，政府不必做任何干涉。他安慰众人，自由放任的经济将会带来最强的财富创造动力，饼变大了，分配亦将趋于平等，从而使幸福达到最大化。

但那时也有人对先富阶层及其辩护士的所作所为十分警觉。整整两百年前，1821年，在其著名的《为诗辩护》一文中,英国诗人雪莱告诫"提倡功利的人们",不要同时强化"奢侈与贫困,使之各走极端,像近代英国经济学者之所为"。他所谓的"近代英国经济学者",很可能指的是经济自由主义的鼻祖亚当·斯密(1723—1790)。在雪莱看来,斯密与边沁"已经用实例证明了这句话:'有了的,应该再给他一点;没有的,就连他仅有的一点,也应该夺去'。于是,富者愈富,贫者愈贫,使国家在放任与专制两端进退维谷,好比一叶轻舟驶入危岩与怒浪之间。这便是无所顾忌进行算计的恶果"。1819年,雪莱还写过一首小诗,即《人们的正当所得》,鞭挞"以欺骗讹诈和阴谋诡计强取豪夺的人物",主张"人们的正当所得,理应归他们拥有"。雪莱出生在一个世代贵族的富有家庭,但在其短暂的一生中,他却试图用自己的笔,创造一个公平自由的"新世界"。因此,马克思对雪莱赞誉有加,称他"是一个真正的革命家,而且永远是社会主义的急先锋"。

除了斯密与边沁,过去两百年,与富豪们站在一起,千方百计安抚他们心灵的理论家大有人在,这些理论也被中国先富阶层中的某些人所偏爱。20世纪80年代,宣扬"选择的自由"的米尔顿·弗里德曼被引入中国。90年代中期以后的一二十年,把社会正义称为"幻象"、极力反对"分配正义"的哈耶克在中国的影响力日益增加,其著作大量出版,掀起了一股"哈耶克热"。即使在欧美国家的大书店,哈耶克的书也不常见;但在那时的中国,连街头书摊上也充斥着他的《通往奴役之路》《自由秩序原理》《个人主义与经济秩序》《致命的自负》等。虽然很多人未必读得懂哈耶克这些生硬的书，但这并不妨碍他们把哈耶克当作自己的精神偶像。

过去十余年，嫌哈耶克还不够右，把哈耶克称作"真正的毒药""我们最有害的敌人"的安·兰德在中国的一些圈子里红了起来，其主要著作几乎都已被译为中文。哈耶克虽然排斥公正，但他起码支持有限度的最低保障，以"防止严重的物质匮乏"，以"确保每个人维持生计的某种最低需要"。而在兰德看来，"如果一个人不能依靠自己的努力维持生计，谁必须给他'安全'，而且为什么必须给？"兰德将自私称作"美德"，其哲学是"毫不利人，专门利己"，认为"自私是人类进步的源泉"，没钱没势的人则应该为自己的无能感到羞愧和自责。她推崇财富的创造者，痛斥财富的分配者，反对国家推行任何福利政策。由于兰德的著作通俗易懂，不像哈耶克的著作那么佶屈聱牙，她对各国富豪（如商人出身的美国前总统特朗普、前国务卿蒂勒森、前联邦储备委员会主席格林斯潘等）更有吸引力，有人还贴心地为他们编辑了一本《为什么商人需要哲学？资本家如何理解安·兰德〈阿特拉斯耸耸肩〉背后的思想？》。这本书很快也被译为中文。据说，兰德关于判断财富创造者品质的标准更是成为中国先富阶层的共识。对先富阶层中一些人最有吸引力的，恐怕是兰德的一个基本观点：财富创造者创造的财富是他们应得的财富，无须与他人分享；任何人也没有权力和权利要求他们分享。于是，兰德的理论便成为这些人的护身符。

不过我们也应该记得，先富阶层中固然有斯密、边沁、弗里德曼、哈耶克、兰德的拥趸，但并非都是如此。前面提到的雪莱是一个例子，把雪莱称作"天才预言家"的恩格斯是另一个例子，中共早期领导人中还有大量例子，如杰出的工人运动领袖邓中夏，以及被毛泽东称为"中国农民运动大王"的彭湃。这些"富二代"信仰公平和正义，追求崇高的理想，甚至不惜舍生取义。他们警示着今天中国的先富阶层，一定要明辨是非、区分善恶，再富有也不能忘记自己是无数人"奉献红利"的最大受益者，作为社会主义中国的普通公民与其他普通公民之间有一项不可撤销的共同富裕契约；绝不能唯利是图、为富不仁；绝不能放任财富鸿沟不断扩大；绝不能须臾淡忘先富带后富、实现共同富裕的社会责任。

作为涉足商界的风险投资家，正如沙烨所说："我自己也是改革开放的受益者。大学毕业后，我去美国留学。2001年，我学成归国，又投入到祖国的经济热潮之中。从创业到投资，在中国经济起飞的十几年里，我目睹了很多身边的造富传奇。"围绕财富创造、财富分配、社会责任，想必沙烨曾与身边那些有钱的朋友有过无数次的交流、讨论，甚至争辩，从而激发他进行系统的理论思考，于是才有了今天这本书。

不同于无病呻吟的舞文弄墨，有感而发的书最有读头，值得向大家推荐。

王绍光
2021 年 6 月 18 日于深圳

目 录

序		I
绪　章	**站在历史分水岭上**	1
	全球财富"大分流"	3
	跨越"巨大鸿沟"	6
	从2021展望2049	8
第一章	**财富的欲望**	13
	财富崛起	15
	先富带后富？	19
	财富的伦理	23
第二章	**繁荣的基石**	31
	站起来了	33
	牺牲与奉献	39
	真正的红利	46
第三章	**撕裂的美国**	53
	燃烧的国会山	55
	曾经的黄金时代	61
	被打开的魔盒	66

第四章	**数字财富鸿沟**	75
	数字造富神话	77
	平台"吞噬"世界	81
	加速扩大的"鸿沟"	89
第五章	**市场神话的破灭**	111
	波兰尼的警告	114
	新镀金时代	117
	21世纪的回声	124
第六章	**迈向共同富裕**	135
	"免费的馈赠"	137
	市场游戏的代价	141
	不可撤销的契约	147

绪　章
站在历史分水岭上

"新冠"疫情的肆虐直接威胁着各国民众的生命健康安全,更是对本就扭曲的全球财富分配机制造成了巨大的冲击,加剧了社会各阶层之间的矛盾与冲突。在后疫情时代的大背景下,人类将不得不面对一个棘手的问题:到底应该以何种方式解决当前全球范围内被疫情催化的财富鸿沟?

2020年伊始，一种新型冠状病毒不期而至，在人群中迅速蔓延，并最终演变为一场百年不遇的全球大流疫。在疫情的冲击下，各国政府不得不通过"封城""锁国"等方式，严格限制人员和物资的流动。这对早已深度全球化的世界经济来说，无异于严重的"休克"，一场全球性的大衰退似乎在所难免。

令人意外的是，全球金融市场在经历可以载入史册的"黑色三月"[1]之后，反而迎来了异常繁荣的时光。暴涨的全球金融资产价格与居高不下的失业率交相呼应，编织出一幅光怪陆离的画面。持有大量金融资产的富人群体获得了惊人的财富增长，而处于社会中下层的普通民众则不得不在面对新冠病毒威胁的同时，承受着就业形势恶化、收入下降等严峻的生存挑战。

疫情冲击下，一道深不见底的财富鸿沟正横亘在不同社会群体之间，市场经济中价值创造者和利益获得者的社会财富结构性错配问题也凸显出来。

全球财富"大分流"

冰冻三尺，非一日之寒。巨大财富鸿沟的形成，经历了半个多世纪逐步演变的过程。

自第二次世界大战结束以来，全球秩序保持了较长时间的相对和平。在经济全球化的趋势下，世界经济更是经历了一段前所未有的高速增长，这极大地提高了各国的财富规模，改善了普通民众的生活水平。

20世纪70年代末，一场以市场经济自由化和私有化为核心的新自由主义改革思潮逐渐兴起，"优胜劣汰、适者生存"的经济学思想大行其道，效率至上的"自由市场"学说被奉为圭臬。自那时起，各国政府开始不断减少对社会和经济领域的控制，倡导私营企业的主导作用。

随着企业影响力的不断扩张，全球财富分配机制渐渐呈现出结构性扭曲，占人口总数极小部分的精英群体掌握了绝大多数社会财富。2008年全球金融危机之后，"不患寡而患不均"的社会情绪在西方国家不断蔓延，由此导致的各类矛盾逐渐从经济领域延伸至政治和社会领域。极端化的公众情绪成为各类反建制领导人崛起的温床，并加剧了各个群体之间的相互割裂和对立。

西方思想界一直对日益扩大的财富鸿沟问题保持关注。法国著名经济学家托马斯·皮凯蒂曾在其著作《21世纪资本论》中明确指出："资本导致的不平等总比劳动导致的不平等更严重，资本所有权（及资本收入）的分配总比劳动收入的分配更为集中。"[2] 诺贝尔经济学奖获得者、美国著名经济学家约瑟夫·E.斯蒂格利茨在《巨大的鸿沟》中也表示，"位于最顶层的人切蛋糕的比例越来越大，贫穷的增长和中产阶级的衰落都有着一定的解释。很大一部分原因是，上层社会的资本占比和资本收益都在提高。他们拥有着不成比例的资本并且获得了绝大部分的资本收益"。[3]

随着"新冠"疫情的暴发,全球经济再一次遭受重创。以美联储为首的多国央行纷纷采取无限量化宽松政策,试图缓解金融市场压力。但是,全球央行资产负债表的快速扩张造成严重的货币超发,催生了各类资产价格泡沫,并恶化了社会财富分配不公与贫富差距等问题。

面对前所未有的困境,部分西方领导人开始进行深刻反思。在2021年的达沃斯世界经济论坛上,法国总统马克龙对当前资本主义与市场经济的运行方式提出了质疑。一方面,他表示"资本主义与市场经济在过去这十年里确实取得了不少成就";另一方面也认为"在当前的环境下,资本主义模式与开放经济行不通了"。而从这场疫情中走出来的"唯一办法",就是打造一个"更加专注于消除贫富差距的经济"。[4]

虽然,各国精英人士已经认识到造成财富鸿沟的根本原因在于社会财富分配机制存在严重不公,但在经济全球化大潮的裹挟下,关于财富分配的讨论常常停留在理论层面,很难落实为实际行动。面对全球资本主义周期性经济危机叠加新冠疫情的冲击,人类社会再一次面临历史抉择。自20世纪70年代末以来的经济发展模式已经难以为继,建设更加公平的分配制度必然是未来的发展方向。

跨越"巨大鸿沟"

面对全球大流疫，中国在疫情治理上表现优异。政治决策者反应迅速，千万基层工作者日夜奋战，举国上下同心勠力，"逆行者"们冒着生命和健康风险不懈奋斗，使得中国最先控制住疫情，得以免遭欧美正在经历的灾难。

与疫情战斗的同时，中国也没有放松在减贫方面坚持不懈的努力。2021年2月25日，习近平总书记在全国脱贫攻坚总结表彰大会上庄严宣告，我国脱贫攻坚战取得了全面胜利……完成了消除绝对贫困的艰巨任务，创造了又一个彪炳史册的人间奇迹！

千年来，贫困问题一直困扰着这片古老的土地。回望百年风雨，中华民族为实现这里程碑意义的一刻已经付出了太多血泪。

自鸦片战争以来，沉睡已久的中国人被来自西方列强的隆隆炮声惊醒，发现自己已经被西方文明远远地甩在了后面。古老的中国第一次遭遇了在军事、科技与经济等方面全方位超越自身的异质文明的冲击，中华民族面临生死存亡的考验。正如清代重臣李鸿章所说，当时的中国处在"三千年未有之大变局"。

从第二次鸦片战争到中法战争，从甲午战争到庚子国变，中华民族屡战屡败，民族自信遭受到沉痛打击，中国的现代化进程屡遭列强打断。普通民众连正常的生产就业都难以维持，更遑论安居乐业，积累财富。中华民族能否实现现代文明的"开化"？中国能否建立一个现代的民族国家？这些问题长期困扰着中国的知识分子和有识之士。

直到新中国成立，伴随着那一句"中国人民从此站起来了"，中国人民真正实现了独立自主，重新掌握了自身命运，开始了国家现代化建设。

新中国成立初期，在中国共产党的领导下，全国人民成功构建了"以公平为核心"的社会主义财富分配制度，系统性地清理了民国时期遗留下的诸多历史问题，逐步完成了社会结构的基本变革、工业体系的建设和人力资源的积累。

从1949年到1978年，新中国在不到三十年内完成了包括交通设施和水利工程等大量基础设施建设，开发了东北、西南与西北等广袤土地，实现了"两弹一星"、核潜艇、人工合成胰岛素、大型集成计算机研制等众多科技项目，并培养出千万名专业技术人才，建立了全面的医疗与教育体系，成功地从一个传统农业国转变为新兴工业国。

改革开放后，利用近三十年的工业体系和人力资源积累，通过对财富分配机制的再次改革，我国建立了一套注重经济效率、释放市场经济活力的发展体制，并实现了举世瞩目的经济奇迹。一大批抓住时代机遇的"先富群体"随之诞生。

然而，在取得巨大经济成就的同时，中国发展过程中的不平衡不充分问题依旧突出。在收入分配方面，居民初次分配收入和通过再分配获得的可支配收入在国民总收入中所占比重多年来呈走低趋势。[5] 随着关于收入分配公平性等问题的争论日益激烈，社会各方对于财富的性质、伦理与责任等问题看法的差异也越来越大，很难形成社会共识。

从先富群体的角度看，他们倾向于认为，时代给予每个人的机会都是公平的。他们之所以能够积累起庞大的财富，完全是依靠自身能力和勤奋，通过市场经济机制所获取，具有毋庸置疑的正当性。而另一方面，越来越多的国人开始反思市场经济造成的种种问题。人们担心，掌握绝大多数资源的先富群体不仅垄断了今天的财富存量，而且也将垄断未来的财富增量。

先富群体除了从市场经济中获得财富外，还享受着财富所带来的光环、地位和话语权。而"打工人"面对生活的重压，又能用什么话语捍卫自己的尊严？从"佛系"青年、"内卷化"竞争，再到最近盛行的"躺平"思潮，社会流行词汇的更迭反映了当代青年对未来无力感的情绪化表达。我们该如何重建社会的激励机制，让处于奋斗期的年轻人重新找到希望？

从 2021 展望 2049

从客观角度分析，任何人想要在市场上从事商业行为，都必须依赖由国家和民众打下的基础。财富精英是这类红利的最大受益者。中国庞大且良好的基础设施来自于人民的奉献和政府资源的倾斜。优良且安全的营商环境与庞大的高素质人才资源也离不开全社会的投入。

在改革开放之初,邓小平就曾强调:"我们提倡一部分地区先富裕起来,是为了激励和带动其他地区也富裕起来,并且使先富裕起来的地区帮助落后的地区更好地发展。提倡人民中有一部分人先富裕起来,也是同样的道理。"[6] 因此,实现全国人民的共同富裕是新中国不断发展的初心与使命,更是先富群体的义务与责任。

通过改善分配机制,将收入和财富更加公平地分配给全体国民,有其天然的合理性,这不仅有利于经济的长远发展,更是跨越财富鸿沟的关键。当然,对收入和财富分配机制的改革不是追求简单的"平均主义",而是要注重公平性与合理性。

越来越多的信息表明,建设更加注重公平的分配制度是中国未来发展的必然方向。

国家已释放出重要信号,政府将利用一系列的政策组合,进一步优化收入分配结构。习近平在中国共产党第十九次全国代表大会上的报告中指出,必须坚持以人民为中心的发展思想,不断促进人的全面发展、全体人民共同富裕。2021 年公布的《"十四五"规划和 2035 年远景目标纲要》中也明确提出:拓展居民收入增长渠道,提高劳动报酬在初

绪　章　站在历史分水岭上　9

次分配中的比重；不断提高中等收入群体比重；加大税收、社会保障、转移支付等调节力度和精准性，发挥慈善等第三次分配的作用，改善收入和财富分配格局。从"十四五规划"中的"全体人民共同富裕迈出坚实步伐"，最终实现2035年社会主义现代化远景目标中的"全体人民共同富裕取得更为明显的实质性进展"。

2021年是中国第十四个五年计划的开局之年，也是中国共产党建党100周年的重要历史时刻。过去几年来，中国坚定不移地致力于改善民生，成功打赢了脱贫攻坚战，创造了人类历史上在消除贫困方面最大的奇迹。"现在中国正努力奔向下一阶段目标，即在2049年建国100周年时，建成富强、民主、文明、和谐、美丽的社会主义现代化强国。到那时，全体人民共同富裕基本实现，人民将过上更加幸福安康的生活。"[7]

执政党有明确的远期目标，但社会上对贫富分化问题的共识还远远没有形成。"理念是行动的先导"，对财富分化问题形成共识将是社会有效推动收入和财富分配机制改革的前提。

本书将试图讨论一些本质性的财富伦理问题：先富群体应如何看待他们的财富？这些财富是完全归功于他们的个人劳动和创造，故而享有神圣不可侵犯的财产权，还是这些财富的积累某种程度上归功于社会的赋予，因而先富群体有着不可推卸的道德责任，帮助社会共同富裕？

进而言之，中国政府在通过税务和财政手段，促进社会财富的重新分配时，它是"必要的恶"，还是应推进社会公正？从全球视角下比较和分析，支撑中美两国长期经济增长的"繁荣基石"到底是什么？

再进而言之，如何看待市场经济在中国社会主义制度中的位置？邓小平提出的"让一部分人先富起来"，如何与习近平的"不断推进全体人民共同富裕"前后承接，成为中国共产党建设社会主义现代化强国的完整篇章？

注　释

1. 2020年3月被称为"黑色三月"：2020年2月初，"新冠"疫情在全球范围暴发，3月2日，美联储紧急降息50个基点，随后世界迎来央行"降息潮"；3月6日，欧佩克与俄罗斯就减产合作谈崩，沙特发起石油价格战，加上疫情影响，国际原油期价惨跌至负值；美股两周内4次下跌熔断，受美股暴跌影响，全球几十个国家发布限制做空禁令。

2. ［法］托马斯·皮凯蒂：《21世纪资本论》，巴曙松、陈剑、余江、周大昕、杨铎铎、李清彬译，中信出版社2014年版，第248页。

3. ［美］约瑟夫·E. 斯蒂格利茨：《巨大的鸿沟》，蔡笑、韩冰译，机械工业出版社2015年版，第127页。

4. 马克龙："Capitalisme et economie de marche ont des varies reussites dans cette derniere decennie"，"Il y a une face somber a tout cela：1. evidemment, de la creation d'inegalites dans nos societies；Le 2e sujet, c'est la deconnexion entre la creation de valeur et les profits"，2021年达沃斯世界经济论坛讲话。

5. 刘伟:《中国人民大学校长刘伟委员在全国政协十三届四次会议上作大会发言》,https://news.ruc.edu.cn/archives/309260,最后访问日期:2021年5月9日。

6. 邓小平:《一靠理想二靠纪律才能团结起来》,载《邓小平文选》(第三卷),人民出版社1993年版,第111页。

7. 《胡锦涛在中国共产党第十八次全国代表大会上的报告》,http://www.gov.cn/ldhd/2012-11/17/content_2268826_2.htm,最后访问日期:2021年7月5日。

第一章
财富的欲望

经过几十年的改革开放,如今中国人正生活在一个经济腾飞的时代。然而作为一个实行社会主义制度的发展中国家,中国却产生了世界上最多的富豪,这既是经济奇迹,也是中国经济给世人出的一道谜题。这些富豪累积的财富,真的是只依靠他们的智慧和拼搏精神创造出来的吗?"先富起来"的财富阶层到底有没有责任和义务去帮助社会其他人群实现共同富裕?

财富崛起

迈入21世纪第三个十年的中国人，正生活在一个经济腾飞的时代。经过七十多年的革命、改革和建设，今天的中国"比历史上任何时期都更接近中华民族伟大复兴的目标，比历史上任何时期都更有信心、有能力实现这个目标"。[1]

中国的GDP总量从1978年的3679亿元人民币，增加到2020年的101.6万亿元人民币，[2] 跃居世界第二大经济体，年均增速高达9.5%，[3] 远高于同期世界经济2.9%左右的年均增速。人民生活水平极大提升。全国居民人均可支配收入由1978年的171元增加到2020年的32 189元，中等收入群体持续扩大。[4]

横向对比更能突显中国经济建设的成就。以前被人赞誉有加的"亚洲四小龙"都是些中小经济体，其中人口最多的韩国也不过4000多万，相当于中国一个中等规模的省。亚洲经济强国日本在其高速增长期，人口也只有1亿上下，大致相当于中国的人口大省。作为一个十几亿人口的超大、超复杂经济体，中国连续40年经济高速增长，这在人类史上前所未有，是名副其实的经济奇迹。[5]

引人注目的还有神州大地层出不穷的造富神话。根据2021年3月发布的"胡润2021全球富豪榜"，过去一年，大中华区新增了259名十亿美元级别的富豪（billionaire），中国成为全球第一个十亿美元级富豪人数突破1000人的国家，达到1058人，大幅领先第二名美国的696人。中国十亿美元级富豪的人数，超过第二名美国、第三名印度、第四名德国的总和，约占全球3228名十亿富豪总数的1/3。过去5年，中国新增加了490名十亿美元级富豪。[6]

这些数字还不包括那些"隐形富豪"。胡润坦承在编制富豪排行榜时，"有时候也会出现这种情况：我们知道某个企业家很多年，但是一直找不到他的财富数据，所以没办法把他排进来。同样，我们不知道农夫山泉和娃哈哈相比大多少倍，股权结构里分别是谁，等到它一旦上市之后，才发现我们错过的不仅是一个能上榜的企业家，而且是一个首富！"[7]

经过几十年改革开放，邓小平提出的"让一部分人先富起来"的目标早已超额完成。同时，一套基于西方自由市场学说的话语体系也在中国社会产生了巨大的影响。

企业家所拥有的社会财富是怎么得来的？一些信奉自由市场学说的学者，将财富创造和积累完全归因于企业家精神、他们的个人奋斗和努力、他们对风险的承担，以及他们的才智和胆魄。企业家经过自由市场的自愿交易挣得的财富，来源完全正当，不亏欠任何人。

比如有著名经济学家就认为："财富本身是人创造的。当一个人富有以后，他没有什么可害羞的，这是他靠努力而获得的。而不是说太愧疚了，社会给了我这么多财富，我该想着怎么回报它。"[8]

在该学者看来，"什么是市场经济？一个简单公式是：市场经济等于自由价格加企业家"。[9]企业家是"经济增长的国王"。[10] 对企业家来说，赚钱就是最大的责任。企业存在本身就是为社会创造价值、为客户创造价值，如果离开这一点，就是企业最大的不负责任。……因此，利润是考核企业最核心的指标。离开了这一点，所谓社会责任可能就变成了欺骗社会的一种方式，使企业家"受到一些不按规矩出牌的伤害"，从而成为缺乏安全感的"弱势群体"。[11]

同样也有经济学者援引美国经济学家沃尔特·爱德华·威廉姆斯的观点认为："成功人士可以不再回报社会。成功人士开工厂，办商店，雇工人，搞发明，投机套利，承担风险，传递信息……他们并没有亏欠社会；相反，他们已经对社会作出了很大贡献。"[12] "如果要求企业家在市场上行善施恩，那就等于要求企业家侵犯股东的人权。"[13] "行善扶贫的效果往往会大打折扣，无法达到预期目标。而商业行为，由于市场机制协调和鼓励人们分工合作，大幅、持续而高效地改进了人们的福利。商业从根本上大幅度地改善了我们的生活，商业是最大的慈善。"[14]

同样，按照该学者的观点，富人做大了蛋糕，穷人也是受益者，"最富裕的穷人在今天"，"穷人改善自己生活的另外一个办法，就是随着社会的进步参与分享，搭社会进步的顺风车。……哪怕是穷人，只要社会在进步，只要整个社会的饼在做大，他们得到的物质享受比过去一个中等收入家庭的人所获得的都要多。一个社会能够把饼做大是非常重要的。"

这些信奉自由市场的经济学家最经常引用的经典理论家就是亚当·斯密和哈耶克。斯密在《国富论》中写道："请给我以我所要的东西吧，同时，你也可以获得你所要的东西：这句话是交易的通义。我们所需要的相互帮忙，大部分是依照这个方法取得的。我们每天所需的食料和饮料，不是出于屠夫、酿酒家或烙面师的恩惠，而是出于他们自利的打算。我们不说唤起他们利他心的话，而说唤起他们利己心的话。我们不说自己有需要，而说对他们有利。"[15]

斯密进一步指出："他通常既不打算促进公共的利益，也不知道他自己是在什么程度上促进那种利益……他所盘算的也只是他自己的利益。在这场合，像在其他许多场合一样，他受着一只看不见的手的指导，去尽力达到一个并非他本意想要达到的目的……他追求自己的利益，往往使他能比在真正出于本意的情况下更有效地促进社会的利益。"[16]

斯密关于"私利在看不见的手指导下汇聚成公益"的思想，一定程度上来自旅居伦敦的荷兰作家伯纳德·曼德维尔。他在其著名的《蜜蜂的寓言：私人的恶德，公众的利益》一书中提出，私人追求自己的私利，反而更能促进社会公共利益，正如书的副标题所提示的，私人恶德即公共利益。表面上看，自利驱动的行为在道德上应该受到谴责，但如果试图以"公共精神"的道德情怀来建立一个充满美德的繁荣社会，那只是一种"浪漫的奇想"，因为私欲和私欲支配的个人恶行恰恰是社会繁荣的能源，离开了这个能源，公共利益将是无源之水、无本之木。公益心和道德感这样的善之花，只会结出贫困和伪善的恶之果。[17]

按照这些论述，财富的积累完全是通过市场行为实现的，市场中的每一个行为都是交易双方自愿，也对交易双方有利，即所谓"帕累托优化"。他们以利己之本心，却通过亚当·斯密所说的"看不见的手"，在追求私利的过程中促进了社会资源的最优分配和社会的整体利益。利己主义和利他精神通过神奇的市场达到和谐统一。一个企业家只要是市场经济中的强者，就已经对社会做出了最大的贡献，是最大的慈善，不再对其他人和社会有任何额外的亏欠和义务。

先富带后富？

根据这一逻辑，自我调节的市场能够创造最大的价值，中国经济的腾飞似乎是市场经济魔力的又一例证。如果我们认同这样的归因，企业家的财富在伦理上便具有无可争议的正当性和合理性。不仅如此，他们的财富只不过是他们贡献的一小部分，他们不要求社会额外补偿自己的贡献已经仁至义尽了，怎么能反过来要求他们回馈社会呢？

但这就带来一个更为矛盾的问题。那就是"先富起来"

的财富阶层到底有没有责任和义务去帮助社会其他人群实现共同富裕？

1985年10月23日，邓小平在北京会见了美国时代公司组织的高级企业代表团，当着这些美国大富豪的面，邓小平提出："一部分地区、一部分人可以先富起来，带动和帮助其他地区、其他的人，逐步达到共同富裕。"[18] 现在一部分人确实富起来了，但是邓小平当年的后半句话，似乎被那些跑在前面的人逐渐淡忘。

先富群体应当如何履行自己的社会责任呢？从自由主义市场学说的角度来看，先富群体对自己财富的处置完全是个人的选择。他们有权任意挥霍自己的财富，而不必考虑他人的看法；他们对公益事业的投入也是基于私人的道德选择。不做无可厚非，做了可以博得美名。

在这样的思想框架下，我们很难做出一个理性的论述来解释为什么"先富"有义务带动"后富"，也无法推动先富群体承担更多的社会责任。安德鲁·卡内基的《财富的福音》被认为是近代美国公益事业的奠基之作。在书中，卡内基最核心的论点是：留给后代巨额的财富，无异于留给他们一个巨大的诅咒。但这没有太强的说服力。于是最终，卡内基只能诉诸宗教信仰，告诉人们为公益事业服务是这个时代的基督精神。

美国当代最有影响力的慈善家比尔·盖茨试图用另一种观点来论证公益事业的必要性。盖茨在哈佛大学的演讲里，用"每条生命都有同等的价值"作为触动他投身公益的最大理由。但这观点既抽象,也无法诉诸现实。"同等的价值"到底在哪里体现?一个明显的事实是盖茨能安心住在上亿美元的豪宅里,而全世界仍有7亿人生活在每天生活费1.9美元的国际贫困标准线以下。[19]

无论是宗教信仰,还是不切实际的抽象道德准则,都很难给中国的先富群体一个有说服力的理由来说明,为什么他们应该担起更多的社会责任,帮助同胞摆脱贫穷,走向共同富裕。即便当前一部分企业家和富人参与了一定的公益事业,但往往其主要目的也是为了提升企业或自身的声誉,将公益活动作为一种"投资"方式,而非义务与责任。更何况,先富群体为此付出的财富相对于他们所拥有的财富数量而言,不过是九牛一毛,无助于改善贫困群体的整体处境。中国媒体虽有不少为弱势群体发声的呼吁,但这些呼吁大多以感性的方式诉诸同情,无法唤起听者的责任感,更不能产生任何约束力。

那么,政府是否可以在这个过程中作为外在推动力来实现"先富带后富"?这个时候信奉自由市场学说的人又会告诉你,国家不应该干预市场。

例如,国内有经济学者在其著作中就援引哈耶克名篇《知识在社会中的运用》[20] 的主张,认为经济体系顺畅运行需要的知识,"是关于谁在什么地方、愿意以什么样的代价、购买什么商品的局部信息",[21] 由于这些知识永远分散在不同人的大脑里，不可能集中，所以如何把这些分散的知识利用起来，从而对时刻不停的变化做出反应，才是人类社会要完成的艰巨任务。解决"知识分散，无法集中"问题的最佳方案就是价格体系。它"能够巧妙地把分散的知识利用起来，能够恰如其分地对每个人的判断和行动做出奖惩"，从而使经济顺畅运行；[22] 如果国家干预市场，会扭曲价格体系，从而导致经济无法顺畅运行。

作为坚定的自由主义者，曾三次成为美国总统候选人的前国会议员罗恩·保罗在其著作《繁荣基石》中直截了当地指出，美国经济繁荣所依赖的制度原则在于有效地保护私人产权、确立法治和维护自由市场体制，并旗帜鲜明地反对"大政府"与福利主义等主张。他在书中明确写到："基于市场的约束效应，其效果要好过政府监管。依赖政府监管，期望政府来保护我们的权利，这才是最大的'思想泡沫'。"[23] 因此，对于自由主义者而言，政府对经济的任何干涉与监管不但是一种对于"资源"的浪费，还将导致个人权利的损害。

在这样的认知前提下，政府的第一要义便应如自由主义的奠基者约翰·洛克所述，"保护生命、自由和财产权"。[24] 除此之外，政府职能应当尽量精简，政府对企业和个人的税收应当尽量降低。正如托马斯·潘恩在《常识》中写道："政府，在最好的情况下，也只是必要的恶。"[25]

洛克和潘恩为美国独立革命提供了思想的源泉。他们的自由主义思想,经过现代思想家如哈耶克等人的发展,成为西方精英阶层的主流信仰,并随着美国的强盛而在全世界,包括中国,拥有无数的"信徒"。

从根本上说,崛起于改革开放之后的中国先富群体及某些学者吸纳了来自西方自由主义市场经济学说的观点,并构建了与之相对应的话语体系。按照这样的说法,先富群体没有帮助社会其他群体逐步实现共同富裕的义务,并认为这种做法并不违背道德,相反符合市场经济的发展理念。"企业最大的责任就是赚钱","商业就是最大的慈善"。

财富的伦理

如果你相信市场经济的伦理正当性,就很难不承认个人权利的至高无上和个人财产权的神圣不可侵犯。如果你承认个人权利的至高无上和个人财产权的神圣不可侵犯,市场经济的伦理正当性也是顺理成章。

但是这个逻辑,却在中国遇到了挑战。中国作为一个实行社会主义制度的发展中国家,却产生了世界上最多的富豪,这既是经济奇迹,也是中国经济给世人出的一道谜题。中国的很多企业家无疑有着杰出的才智和胆魄,他们充满野心和梦想,并愿意为之付出不懈的努力,但即使如此,光靠市场经济的话语也很难解释中国经济惊人的造富能力。

从产业角度来分析,在过去四十多年里,中国的产业结构虽然在不断升级，但始终处于全球产业链的中下端，以低毛利的生意为主。与此相对应的是，早在19世纪末期，美国就已经超过英国成为世界第一大工业国。在第二次世界大战结束之初，美国国内生产总值更是占据全球总产值比重的接近50%，是当之无愧的世界第一大经济体。[26] 依仗强大的经济优势，美国企业长期占据全球产业链体系中高附加值部分，并引领了信息技术革命，诞生了诸如苹果、谷歌、亚马逊、脸书和特斯拉等众多科技巨头，赚取来自全球市场的高额利润。即便如此，作为最富裕国家的美国，新增富豪人数却不及作为新兴发展中国家的中国，可见中国的富豪群体积累财富的速度要远远高于美国的水平。

到底该如何解释，为何中国能在短短三四十年创造出足以比肩美国等发达国家一两百年积累的巨大财富呢？难道中国企业家的创新能力和组织能力远大于他们一直引以为榜样的美国同行，所以能赚取更为惊人的超额利润？还是说，中国制度具备比美国条件更为优越的"繁荣基石"？显然，光靠"自由市场"这一套话语无法解释清楚中国的特殊性。中国之所以能创造出规模如此庞大的财富，并非只是简单地凭借市场经济实现的。我们应该从问题的本源入手，进一步探究，中国的先富群体所拥有的财富，真的是只依靠自身的智慧和拼搏精神创造出来的吗？

如何用相对理性的分析，来理解中国社会财富来源的伦理正当性，并以此来引导先富群体对社会其他群体的态度和责任？每个社会对这些问题的回答都是不同的。要针对中国社会回答这个问题，我们需要在中国的历史语境里，回到市场经济理论的本源。

在市场经济思维盛行的中国，要理解这种观点的局限性，我们必须用市场经济的分析方法来打破市场经济的迷思。在这里，我们回到一个市场经济理论的概念：外部性。

外部性，或曰溢出效应，指强加于他人的成本或收益。[27] 换言之，在某些情况下，个体或企业的行为给别人带来收益或造成损失，却没有因此得到补偿或付出代价；前者即正外部性，后者即负外部性。[28] 一个典型的负外部性例子是建在河边的化工厂，为了生产化工原料，无偿占用并污染了大量河水，而化工厂在市场经济中获得了高额利润。假设社会没有严格的环保法律，那么这些利润完全合法，但在伦理上显然是不合理的，因为生产过程中的一个重要外部成本即河水资源，无法被市场合理定价。

英国经济学家亚瑟·庇古是外部性理论的标志性人物之一。庇古的《福利经济学》发展了剑桥学派两位奠基人亨利·西季威克和阿尔弗雷德·马歇尔的研究，提出了系统的外部性理论。庇古认为，单纯依靠市场，很难解决经济活动中某个厂商给其他厂商或整个社会造成不须付出代价的损失，即所谓市场失灵，需要政府进行适当干预。政府应采取的经济政策是，向那些给其他厂商或整个社会造成损失却没有付出代价的企业征税，对那些给其他厂商或整个社会带来收益却没有得到补偿的企业给予奖励和补贴。庇古认为，通过这种征税和补贴，就可以实现外部效应的内部化。这种政策建议后来被称为"庇古税"和"庇古补贴"。[29]

经济学家罗纳德·科斯则认为，满足一定条件时，外部性问题可以用市场交易手段来解决。于是，科斯将外部性问题转变为产权问题，并讨论什么样的产权安排能达到效率最大化。他认为，只要产权是明晰的，私人之间的契约和市场同样可以解决外部性问题，实现资源的最优配置，而不需要国家干预。[30] 如之前化工厂的例子，各方可以设立一个排污权交易市场，来为河水污染定价，这样就可以在没有国家干预的情况下运用市场机制解决外部性问题。

无论是庇古还是科斯，关注的重点都是经济效率以及如何对产生负外部性的经济主体采取措施，减少其行为的负面溢出效应，而不太关注经济公平以及如何对产生正外部性的经济主体给予经济补偿。可是，实践中，若不对产生正外部性的经济主体给予经济补偿，既有失公平，久而久之，也会使这类经济主体丧失积极性，减少正外部性的供给，最终有损于社会的整体利益。

市场经济这个游戏从来无法孤立存在，它从属并依赖于社会和政治。市场经济经常从社会这个土壤中吸取价值，并将其货币化后进行利益分配。正如习近平总书记所说："任何企业存在于社会之中，都是社会的企业。"[31]

把市场经济放在一个更大的政治和历史的框架下，我们会发现,很多外部性问题永远无法用市场来解决。在中国的历史语境下,尤其如此。我们谈成就,不能将改革开放以来的经济腾飞与新中国成立后前三十年社会主义建设时期,以及1921年来无数先辈争取国家主权和民族独立的伟大事业割裂开来。相反,正是因为无数先辈用生命和鲜血换来国家和民族的独立自主,新中国成立后用三十年时间奠定工业、科技和人力资源基础,才有了改革开放以来的经济腾飞。

具体而言,在当代中国产生的任何财富,都离不开这三个历史时期不断积累、承前启后的正外部性。而这三大正外部性,才是奠定中国不断发展、走向复兴的"繁荣基石"。

时代洪流奔涌不止。站在2021年这个重要的历史分水岭上,我们须回望自1921年至今这一个世纪以来,中华民族走过的不平凡之路。回望这段苦难与辉煌铸就的历史,我们才能从精神上链接那个先辈们浴血牺牲、无私奉献的时代,重新挖掘和揭示新中国实现经济腾飞的内在动力,找回社会主义建设的本质与初心。

注 释

1. 习近平:《在庆祝中国共产党成立95周年大会上的讲话》,http://www.xinhuanet.com/politics/leaders/2021-04/15/c_1127333691.htm,最后访问日期:2021年4月17日。

2. 国家统计局:《中国统计年鉴2020》,http://www.stats.gov.cn/tjsj/ndsj/2020/indexch.htm,最后访问日期:2021年4月20日。

3. 刘伟、陈彦斌：《2020—2035年中国经济增长与基本实现社会主义现代化》，载《中国人民大学学报》2020年第4期，第54页。

4. 国家统计局：《中国统计年鉴2020》，https：//data.stats.gov.cn/easyquery.htm？cn＝C01&zb＝A0A01&sj＝2020，最后访问日期：2021年5月31日。

5. 王绍光：《中国崛起的世界意义》，中信出版社2020年版，第146页。

6. Hurun Global Rich List 2021，https：//www.hurun.net/en-US/Info/Detail？num＝LWAS8B997XUP，最后访问日期：2021年4月18日。

7. 正和岛商业洞察：《专访胡润：中国人对财富的追逐全球罕见》，https：//mp.weixin.qq.com/s/qJorEHWHwcuByqYXDCB7nw，最后访问日期：2021年4月20日。

8. 张维迎：《富人无需抱着羞愧之心做慈善》，http：//finance.sina.com.cn/zl/china/20150914/075923236895.shtml，最后访问日期：2021年4月18日。

9. 张维迎：《市场的逻辑》，上海人民出版社2010年版，第147页。

10. 张维迎、盛斌：《企业家：经济增长的国王》，上海人民出版社2014年版。

11. 张维迎：《什么改变中国：中国改革的全景和路径》，中信出版社2012年版，第125—151页。

12. 薛兆丰：《经济学通识》，同心出版社2009年版，第191页。

13. 薛兆丰：《经济学通识》，同心出版社2009年版，第412页。

14. 薛兆丰：《薛兆丰经济学讲义》，中信出版社2018年版，第30—31页。

15. ［英］亚当·斯密：《国民财富的性质和原因的研究》（上卷），

郭大力、王亚南译,商务印书馆2014年版,第16页。

16. [英]亚当·斯密:《国民财富的性质和原因的研究》(下卷),郭大力、王亚南译,商务印书馆2014年版,第30页。

17. [荷]伯纳德·曼德维尔:《蜜蜂的寓言:私人的恶德,公众的利益》,肖聿译,中国社会科学出版社2002年版。

18. 邓小平:《社会主义和市场经济不存在根本矛盾》,载《邓小平文选》(第三卷),人民出版社1993年版,第149页。

19. 世界银行:《2021全球经济展望》,https://www.shihang.org/zh/publication/global-economic-prospects,最后访问日期:2021年6月6日。

20. Friedrich A. Hayek, "The Use of Knowledge in Society", *The American Economic Review*, Vol. 35, No. 4, Sep. 1945, pp. 519-530.

21. 薛兆丰:《薛兆丰经济学讲义》,中信出版社2018年版,第144页。

22. 薛兆丰:《薛兆丰经济学讲义》,中信出版社2018年版,第145—146页。

23. [美]罗恩·保罗:《繁荣基石:自由市场、诚实货币与私有财产》,王文斌、李志阔、周瑛达译,电子工业出版社2016年版,第48页。

24. [英]约翰·洛克:《政府论》,瞿菊农、叶启芳译,商务印书馆1982年版,第77—80页。

25. Thomas Paine, *The Complete Writings of Thomas Paine*, collected and edited by Philip S. Foner, New York: The Citadel Press, 1945, p. 4.

26. Graham Allison, "The New Spheres of Influence: Sharing the Globe with Other Great Powers", *Foreign Affairs*, Vol. 99, No. 2, 2020, p. 3.

27. [美]保罗·萨缪尔森、威廉·诺德豪斯:《经济学》(第19版),萧琛主译,商务印书馆2014年版,第42页。

28. Steven N. Durlauf and Lawrence E. Blume edited, *The New Palgrave Dictionary of Economics*, Second Edition, Volume 3, London: Palgrave MacMillan, 2008, p. 189.

29. Arthur Cecil Pigou, *The Economics of Welfare*, 4th Edition, London: Macmillan and Co., 1932.

30. Ronald Coase, "The Problem of Social Cost", *The Journal of Law and Economics*, Vol. III, October 1960, pp. 1-44.

31. 习近平:《在企业家座谈会上的讲话》,载中国政府网,http://www.gov.cn/xinwen/2020-07/21/content_5528791.htm,最后访问日期:2021年6月5日。

第二章
繁荣的基石

纵观中国过去一百年的历史,从1921年中国共产党在凄风苦雨中成立,到1931年日本侵华那个中华民族"最危险的时候",再到走向社会主义现代化强国的今天,正是我们民族的牺牲与奉献精神,推动着中国从历史的谷底艰难回升、砥砺前行。一代又一代中国人民的艰苦奋斗和无私奉献,才是中国能走到今天所真正依赖的"繁荣基石"。

站起来了

1949年10月1日下午3时，新中国开国大典在天安门广场隆重举行。在现场30万军民期待的目光中，中央人民政府主席毛泽东同志向全中国、全世界庄严宣告："中华人民共和国中央人民政府今天成立了。"[1]

广场上欢声雷动，多少人热泪飘洒！新中国的成立标志着中国结束了自鸦片战争以来长达一百多年的近代屈辱史。中国人民从此"站了起来"，中国开启了历史的新篇章。

建立新中国是这一历史时期形成的关键正外部性。不言而喻，一个拥有独立主权的现代国家是发展经济最基本的先决条件。

只有经历过"倒下去"的怆痛，才能理解"站起来"的艰辛。任何一个国家，都不是在真空中，而是置身于真实的国际体系中谋发展、求富强。

如果我们考察国际工业体系，就会立刻注意到，国际工业体系中存在欧、美、日等先一步完成工业化的先发地区和国家。这些先发地区和国家通过商业-战争-科技的"循环加速器机制"，完成了资本的原始积累并不断扩张——欧美日列强为争夺商业利益，不断发生冲突和战争，战争给军事科技发展提供动力，科技又进一步支撑热战和商战。[2]

这个循环加速的资本原始积累过程建立在残酷剥削殖民

地半殖民地人民的基础上。纵观近代史，每个强国的崛起，无论其国内的政治体制如何，对外都进行了无情的殖民扩张，都对其他国家和民族实施了压迫和侵略。"世界是我的牡蛎，我用剑把它撬开。"[3] 通过殖民和侵略，帝国获得了崛起所需的资源和财富，化解了崛起中产生的内部矛盾。荷兰帝国对东南亚的殖民，西班牙帝国对美洲的侵略，法兰西帝国对北非的占领，美国对北美原住民的灭绝，以及大英帝国在全世界的殖民扩张，莫不如此。

我们的历史和文明曾让我们有泱泱大国的自信，但这自信在1840年的那场遭遇后被彻底摧毁。那是一个迟暮的农业文明古国和一个新兴的工业强国的相遇；那是一个松散的传统社会和一个强盛的现代国家的相遇。清政府自欺欺人的"泱泱大国，天朝上邦"的迷梦，被大英帝国的坚船利炮彻底打破。我们有过敌人，但从未被如此攻击。大英帝国只凭几十艘军舰、一万多名士兵，就让清政府签订了丧权辱国的《南京条约》。我们被迫成为毒品的倾销地，给出白银，拿回了鸦片。

门户一开，各国相欺。在炮口下，我们割让土地和人民。中国身处数千年未有之变局，面对着数千年未有之强敌。"累卵之危，岂有过此"，[4] 我们的国家和文明面临着整体灭亡的危机。

身在半殖民地半封建中国的仁人志士们深刻认识到国家主权对于民族存亡的重要意义。为了争取主权独立，先辈们先后发起了一系列救亡图存的斗争。甲午战争的战败使他们意识到，中国不仅仅是技不如人，制不如人才是病根。康有为、梁启超等人发起戊戌变法，但只持续了103天，便被清政府顽固派镇压。中国民主革命先驱者孙中山先生意识到，仅依靠和平手段已无法争取民族独立，必须依靠武力推翻清政府统治，才能推进真正的变革。

武昌起义的枪声拉开了推翻清政府的序幕，中国实行了两千多年的封建制度终被推翻，而国家仍深陷内忧外患的危局：列强环伺、军阀割据、战火频仍、山河破碎、民不聊生。中国在经济上贫穷落后，文化上文盲遍地，百姓的健康水平低下，被西方辱称为"东亚病夫"。面对如此"国不知有民，民不知有国""人人得以欺之"的局面，孙中山无奈地说，"中国虽四万万之众，实等于一盘散沙。"[5]

那时，中国身处在一个弱肉强食、奉行丛林法则的国际社会。从鸦片战争到甲午战争再到八国联军侵华，从《南京条约》到《辛丑条约》再到《巴黎和约》，一个几千年的文明被列强任意欺凌。即使在以数千万人的生命为代价和同盟国共同取得了第二次世界大战的胜利之后，我们国家也没有获得任何战争赔偿，还要进一步忍受领土的剥离。

由此，我们才能理解19—20世纪中国的真实处境。在19—20世纪的国际体系中，中国是一个长期被先发列强压制和欺辱的后发弱国。先发列强通过武力威胁、军事入侵、不平等条约、债务陷阱等经济和超经济手段，夺取中国的经济资源，占领中国市场，同时阻挠中国民族工业的发展。那时的中国，时刻面临着亡国灭种的生存危机，仁人志士整天担心的是"保国保种"，何谈经济腾飞、财富神话呢？

历史学家蒋廷黻曾在《中国近代史》一书中，发出了著名的"蒋廷黻之问"："近百年的中华民族根本只有一个问题，那就是：中国人能近代化吗？能赶上西洋人吗？能利用科学和机械吗？能废除我们的家族和家乡观念而组织一个近代的民族国家吗？能的话，我们民族的前途就是光明的；不能的话，我们这个民族是没有前途的。"[6]

1917年，俄国十月革命的"一声炮响"[7]，让马克思主义思想进入了中国先进分子的视野。在马克思列宁主义同中国工人运动的结合过程中，中国共产党于1921年应运而生，给中华民族注入了全新的激情、尊严和血性。中国共产党广泛团结民众，成为中国革命最可信赖的组织者和坚强的领导力量。从此，中国人民有了主心骨，一盘散沙的中国人开始重新凝结为一个整体。

南昌起义、秋收起义、广州起义、黄麻起义、平江起义、百色起义等相继爆发，星火燎原。中国共产党人开始建立人民军队，为穷苦人民打天下，走上了武装革命的道路。老百姓为了支持党和人民军队，也拿出了最后一把口粮、最后一尺布，送走了最后一个儿子。中国共产党团结带领中国人民，彻底推翻"三座大山"，最终建立了中华人民共和国，让中国人民真正"站立"起来，中华民族的命运得到了根本扭转。

正是因为先辈们在抗日战争、抗美援朝战争、对印自卫反击战、中越边境自卫反击战等历次抗击侵略者、保家卫国的战争中"抛头颅洒热血"的牺牲和奉献,我们才赢得并不断维护了国家主权和民族的独立自主,才使列强再不敢像对旧中国那样肆意侵略和讹诈,攫取中国人民的劳动果实。只有在新中国成立后,拥有五千年历史的中华民族,才有了独立主权和自主选择发展道路的权利,才有了七十多年的和平环境,可以安心进行经济建设,创造并积累财富。

如果没有先辈们的牺牲和奉献赢得的国家主权和民族独立,中国的工业化和财富积累进程,随时可能被外部列强打断。中国的基本经济发展若无法保障,何谈有机会发展那些被先发列强视为专属保留地的高科技、高利润产业。中国的经济增长空间将不复存在,根本不可能创造今天如此多的财富,更不可能产生如此多的富豪。

在波澜壮阔的新民主主义革命时期,数千万中国人献出了自己的青春年华及宝贵的生命。仅在抗日战争中,中国人员伤亡就高达3500万,直接经济损失620亿美元,间接经济损失5000亿美元。[8] 其中山东省、江苏省、河南省、湖北省和湖南省等地区直接死亡人口最为惨重,而这些为抗战牺牲最大的地区与改革开放后市场经济受益最大的那些地区并没有直接关系。相反,现在年轻人向往的北京、上海、广州等城市,反而是抗战中人口死亡相对少的。[9] 抗战先烈不是为自己的后代和亲友,而是为全民共同体献出了生命。

在1931年日本侵华、1937年抗日战争全面爆发的时刻,如果没有中华热血儿女们前仆后继,在第二次世界大战正式开始之前就和日本侵略者在中华大地上殊死斗争,那么中国的历史,乃至世界的历史都会被改写。如果没有从1921年开始,中国共产党为了建立主权国家几十年的不懈斗争,我们今天的市场经济,以及所有积累的财富,都不会存在。

在为全民共同体奉献的过程中,市场经济的核心概念"个体性"不复存在,一切都是为了共同的理想。埃德加·斯诺在《红星照耀中国》中写道:"我一再发现,共产党人是能够说出青少年时代发生的一切事情的,但是一旦他参加红军后,他就把自己给忘掉在什么地方了;……你所听到的只是关于红军、苏维埃和党的故事……他们能够滔滔不绝地谈每次战役的日期和经过……但是这些事情对他们只有集体的意义,不是因为他们作为个人在那里创造了历史,是因为红军曾经到过那里,而在红军后面的是他们为之战斗的那个意识形态的整个有机力量。"[10]

先烈们的牺牲和奉献没有也无法被市场合理定价。但是我们做一个简单的思想实验就可以知道,它们的价值绝对不菲。你愿意用多少财富换取和平,换取生命,换取不被异族奴役?答案绝不会是个小数目,也许是你一半的财富,也许是更多。

牺牲与奉献

第二个历史时期的关键正外部性,是从1949年新中国成立到1978年改革开放前夕这三十年的社会主义革命和建设。

我们谈新中国的建设成就,不能将改革开放前后两个历史时期割裂开来,不能认为成就都是改革开放以后取得的,与之前的社会主义革命和建设时期无关。事实上,正是新中国成立后三十年建设奠定的基础,才有了后四十年的腾飞。正如习近平总书记所说:"不能用改革开放后的历史时期否定改革开放前的历史时期,也不能用改革开放前的历史时期否定改革开放后的历史时期。"[11]

新中国在成立之初是个一盘散沙的农业弱国。当时的社会经济形势极为严峻:全国粮食总产量较抗战前减少了21%,机械工业几乎为零,全国人口80%以上是文盲,所有铁路公路解放时几乎都不能通车。面对"共产党在军事上得了满分,在经济上恐怕要得零分"[12]的种种怀疑,面对"中国共产党的胜利将不过是昙花一现而已"的种种诘难,怎样让四万万同胞摆脱贫困,怎样把落后的中国建设好,这是进京"赶考"的中国共产党人要解决的最大难题。

当时的中国面临着国家建设和国家现代化的双重任务。中国若想从落后经济体发展成为较发达经济体,不仅要对抗外部压力,还要对内整合极为有限的资源。当时我们能造什么?毛泽东曾这样说过,能造桌子、椅子,能造茶碗、茶壶,能种粮食,还能磨成面粉,还能造纸,但是,一辆汽车、一架飞机、一辆坦克、一辆拖拉机都不能造。[13] 因此,在当时,当务之急是用尽可能低的成本完成工业化、现代化所需要的资本积累。如果这一任务无法完成,中国的发展目标恐怕将难以实现。

如何在一穷二白的局面下解放和发展生产力?新生的共和国选择"集中力量办大事",将当时全国仅有的一点财富集中起来,全部人力、物力都被用于国家建设和发展。

第一届全国人民代表大会第二次会议指出:"社会主义工业化是我们国家在过渡时期的中心任务,而社会主义工业化的中心环节,则是优先发展重工业。"[14] 重工业作为资本密集型产业所具有的基本特征,与中国当时的经济状况相冲突,这使重工业无法通过市场机制实现优先增长。解决这一困难的办法就是做出适当的制度安排,人为压低重工业发展的成本,即压低资本、能源、原材料、农产品和劳动力的价格,降低重工业资本形成的门槛。

在这一背景下,新中国成立后的三十年里,两代中国人将全部个人价值交给了国家。在中国共产党的领导下,全党全国人民万众一心,全力恢复工农业生产,开展各项经济建设工作。农业方面,增加农业资金投入,兴修水利工程,扩大农田灌溉面积,推动农业生产迅速恢复和发展。工业方面，重点恢复和新建生产和民生急需的矿山、钢铁、纺织、机器制造等行业，为工业化发展奠定基础。交通运输方面，加大建设资金投入，基本恢复原有的铁路交通网，公路通车里程大幅度增加。

从1949年到1978年，中国共产党带领全国人民，建立了一个组织机构深入基层的有效的国家政权，使中国发生了翻天覆地的变化。塞缪尔·亨廷顿在评价中国共产党领导的革命时说："20世纪中期最突出的政治成就之一，就是1949年中国在经过百年的动乱后首次建立了一个真正能治理中国的政府。"[15]

这三十年，新中国完成了社会结构的改造。农村的土地改革和城市工商业的社会主义改造，铲除了军阀、官僚资本、买办等半殖民地半封建时代残留下来掌握了大量经济资源的"分利集团"，使社会结构扁平化。妇女解放则极大改善了占半数人口的妇女的处境，释放了一半的劳动力，极大地解放了生产力。

这三十年，新中国建立起独立的，门类比较齐全、比较完整的工业体系，包括重工业体系、国防工业体系、高技术工业体系，如电子、航空、航天、核能。工业产值占GDP的比重，从1952年的17.6%增长到1978年的44.1%，[16] 实现了从农业国向工业国的历史性跨越。1949年至1978年，几种基础性工业产品的产量都实现了快速增长。其中，钢铁产量从54万吨增加到8865万吨，增长164倍；发电量从43

亿千瓦时增加到2566亿千瓦时，增长近60倍；并从无到有建立起汽车、化学纤维、家用电器、通讯、集成电路等工业。[17]

这三十年，新中国兴建了大量经济发展必不可少的基础设施。投入了大量人力物力治理大江、大河、大湖，修建了长达20多万公里的防洪堤坝和8.7万座水库，大大减少了肆虐千年的旱涝灾害；进行了大规模农田基本建设，使灌溉面积比例由1952年的18.5%大幅提高到1978年的45.2%，基本上保证了十亿中国人吃饭、穿衣的需求；[18]建立了由铁路、公路、内河航运、民航空运构成的交通运输体系，铁路营业里程从2.18万公里增加到5.17万公里，公路里程从8.07万公里增加到89.02万公里，内河航道从7.36万公里增加到13.6万公里，民航航线里程从1.14万公里增加到14.89万公里。[19]

这三十年，新中国普及教育和医疗，使这两项民国时只有少数人口才能享受的特权，变成普惠性的公共物品。普惠性的医疗和教育，极大改善了中国人的体质和健康状况，大大提高了中国受教育人口的比例，培养了大批合格的劳动者，为工业化建设提供了必不可少的人才和人力资源。1949年至1978年，中国人口从5.4亿增加到9.6亿，但死亡率却从20‰下降至6.25‰[20]，人均寿命从解放前的35岁提高到1978年的68岁，[21] 文盲率从新中国成立前的超过80%降至1982年的22.8%。[22] 学校数量和在校生人数成倍增长，尤其是提供基础教育的普通中学数量和在校中学生人数，呈爆发式增长。1949 年至 1978 年，普通小学数量从 34.7 万所增加到 95 万所，普通中学数量则从 4045 所增加到 16.2 万所，增加了 40 倍，普通高等学校从 205 所增加到 598 所。普通小学在校生人数从 2439 万人增加到 1 亿 4600 万人，普通高中在校人数从 20.7 万人增加到 1553.1 万人，增长了 75 倍，普通高等学校在校人数从 11.7 万人增加到 85.6 万人。[23] 到改革开放初期，中国已经是一个"具有第一世界人力资本的第三世界国家"。[24]

"为有牺牲多壮志，敢教日月换新天。"[25] 新中国一路走来，实现了从无到有的原始资本积累，创造了大量的财富。而这期间，我们的发展是扁平的，没有资本激励，每个人收入都不高，完全靠工人、农民、官员、学者的奉献精神开荒拓土，几十年如一日勤勉耕耘。一组组明显改善的数据背后，是无数先辈扎根在这片广袤的大地上，以坚忍不拔的意志洒下无尽汗水，用众志成城的精神谱写了一曲曲"愚公移山"的时代旋律。从原材料开采到基础设施建设，再到保卫国家安全的军事工业，"铁人"们钢铁般的意志和信念鼓舞着中国人民。也正是他们不计回报的付出和奉献，才使中国创造出无数的奇迹。

2021 年 5 月 22 日，"共和国勋章"获得者、中国工程院院士、"杂交水稻之父"袁隆平先生因多器官衰竭在长沙逝世，享年 91 岁。当载着袁隆平院士的灵车经市区道路驶向殡仪馆时,沿途无数群众含泪送别,齐声高喊"袁爷爷一路走好"。这一幕让人不由得想起那篇《十里长街送总理》的课文。周恩来总理和袁隆平院士,两人从事的工作完全不同,然而他们所展现的那种奋斗精神是中国崛起的根本。他们是中国发展的栋梁,是当之无愧的"国士"。

今天,中国已经从"吃饱"转向了"吃好",老百姓再也不用担心吃不饱饭的问题。在获得至高的功勋与荣誉之后,袁隆平院士并没有颐养天年,而是继续像一个真正的"老农民"那样,在工作了一辈子的稻田里默默耕耘着。袁隆平院士的一生淡泊名利,为民族与国家乃至世界做出了不可磨灭的贡献。

当今社会对于财富的无限欲望与市场经济导向下的物质价值观混乱交织,很多人都对未来感到迷茫。然而,当中国人民自发悼念袁隆平时,我们可以看到"中国的脊梁""崇高的理想"仍然被绝大多数中国人推崇和信仰。

除了袁隆平院士外,开采石油的王进喜、治理灾荒的焦裕禄、保卫祖国的解放军战士、隐姓埋名于大漠造出"两弹一星"的科学家们,以及那些为了中国未来发展做出牺牲和奉献的人,他们的贡献都没有被市场定价,也无法被定价,但也正是他们,最终创造出了属于中国的发展奇迹。

"一万年太久,只争朝夕。"[26]先辈们艰苦奋斗,铸就了那个共同奉献的时代。基于无私奉献的民族精神,着眼于长远发展,是我们独特的国家奋斗观。通过资源倾斜优先服务于国家发展战略，先强国，后富民，这是基于中国国情的理性选择。

国家机器、社会结构的有效改造，工业体系、基础设施网络、国民教育和医疗体系的建立和完善，人才和人力资源培养体系的健全等等，这其中任何一个都是私人主体和市场不可能提供的。它们成本高昂却很难被定价，但对统一市场的形成和经济发展来说，又必不可少。这些是全民族两代人，经过三十年的共同努力，为整个民族和后代打下的基础。没有这些"公共物品"，中国就不可能迎来改革开放四十年的经济腾飞。用清华大学王绍光教授的话说，新中国成立后的前三十年不仅实现了较快的经济增长速度，也为改革开放后的高速经济增长奠定了坚实的"硬件"和"软件"基础。[27] 这是典型的"前人栽树，后人乘凉"。在这三十年的奋斗中，无论是政府官员、知识分子，还是工人、农民，每个人所得到的回报都无法以市场定价。按照市场经济理论，他们中的很多人都应该获得很高的收益，他们有的掌管大型国营企业，有的从海外归来报效祖国，有的隐姓埋名扎根大漠为祖国研制"两弹一星"。但他们所创造的价值没有丝毫留给自己，而是完全贡献给了我们的全民共同体。

不可否认，新中国成立后的前三十年，人民生活水平比较低，那是因为建立完善的工业体系、基础设施网络、国民教育和医疗体系、人才和人力资源培养体系等都是成本极高的公共事业，需要巨大的资源投入。中国唯一的选择只能是在保证国民基本生存水平的情况下，尽量压缩用于改善生活的资源，将大多数经济剩余投入到工业化中。换言之，从1949年到1978年，是两代中国人甘愿牺牲个人生活的享乐，投身国家建设，为后续发展提供了极为宝贵的"公共物品"。

这些积累为随后的改革开放奠定了重要的制度基础、工业基础和人力资源基础，为下一阶段的社会主义工业化和现代化建设提供了极为有利的初始条件。

真正的红利

第三个历史时期所积累的正外部性，是由改革开放的政策释放的。1978年12月，在邓小平的倡导下，以中共十一届三中全会为标志，中国开启了改革开放的历史征程。从设立深圳、珠海等经济特区，到开放14个沿海港口城市，再到设立浦东经济开发区，从国企改革，到设立证券市场，再到住房市场化，改革开放的历史就是让市场优先在一些地区和行业生长的历史。这些地区和行业被政治力量允许"先富起来"，所获得的机会并非源于市场竞争，而是政府顶层设计的结果。这些地区和行业市场中的经营者，享有政策特许的红利，有着全国大多数人民无法比拟的优势。

在市场经济的发展过程中，政府和国有经济体为民营经济体提供了赖以生存的基础设施。政府和国有企业的投资和经营活动回报率也许不高，甚至处于亏损状态，却创造了巨大的正外部性，使民营经济体能以较低的成本获得经营所必需的生产要素。典型的例子是中国国家铁路集团（以下简称"国铁集团"）和阿里巴巴集团。2020年，国铁集团净亏损555.05亿元。[28]而阿里巴巴集团作为中国顶尖的互联网公司，2020财年营收5097.11亿元，同比增长35%，净利润1492.63亿元，同比增长70%。[29] 2020年，阿里巴巴集团市值达4.2万亿元，[30]造就了很多亿万富豪，马云本人更是以4000亿元的身价成为全球华人首富。[31]

这些重大基础设施建设资产重、投资大、回报慢，却成了中国所有互联网公司高增长高利润发展的基础。如果没有政府和国有企业的投入，那些经济不发达、地形复杂的中西部地区就不可能有今天如此完善的基础设施，淘宝和天猫也就不可能深入到神州大地的每个角落。因此，国铁集团这类企业创造的价值，相当一部分贡献给了全社会，却没有被定价及转换成企业财报上的收益，存在巨大的正外部性。

在这个意义上，中国的经济奇迹是公共部门和私人部门携手合作的结果。公共部门提供外部条件、公共资源和政策支持，市场中的企业主体创造更具增长性的经济活力。

很多学者试图解释中国改革开放四十年的经济奇迹，有的用人口红利，有的用后发国家优势。纵观中国近百年的历史，从1921年中国共产党在凄风苦雨中成立，到1931年日本侵华那个中华民族"最危险的时候"，再到走向社会主义现代化强国的今天，推动中国从历史的谷底艰难回升的最大因素，正是我们全民族的牺牲和奉献精神所创造的三大正外部性——

从1921年中国共产党诞生至1949年中华人民共和国成立，中华民族中的先辈们，为整个民族的存亡，为拥有一个独立主权的国家，用生命和血汗做出的牺牲和奉献。

新中国成立后的三十年里，全民族两代人共同努力、完全不计较个人得失，为完成中国社会变革和经济基础建设所作的艰苦奋斗、无私奉献。

改革开放以来，为响应"让一部分人先富起来"，劳动人民用汗水、辛劳和骨肉分离，为市场经济的起飞所付出的辛苦劳动与奉献。

这些牺牲和奉献，才是中国能走到今天所真正依赖的红利——中国的奉献红利。我们在市场经济的每个行为、每次交易中，都能看到这些奉献红利的影子，但是这些奉献无法被市场定价。市场经济需要一个起点和赖以发展的外部条件，而正是这些奉献者们为市场经济提供了这一切。

改革开放以来，我们常说"摸着石头过河"，当代部分中国人对河对岸的想象，很大程度上来自大洋彼岸的美国。改革开放的几十年里，中国社会中的相当一部分人不自觉地就会从"仰视"的心态出发，将西方，尤其是美国的经验视为榜样和"先进经验"。

回顾历史，中国的改革开放恰好伴随着新自由主义在欧美世界的兴起。中国学界大力引进新自由主义经济学理论，希望依靠这套理论的指导实现经济的腾飞与国家的复兴。然而，随着经济的发展，以新自由主义为核心的经济理念使全球范围内社会财富分配不公、贫富差距拉大等问题日益突出。当中国再一次将目光投向大洋彼岸的美国这位"老师"身上寻找答案时，映入眼帘的却是"新冠"疫情下的混乱，以及横亘在美国精英阶层与普通民众之间巨大的财富鸿沟。

2021年3月两会期间，习近平总书记在看望全国政协医药卫生教育界委员时说："70后、80后、90后、00后，他们走出去看世界之前，中国已经可以平视这个世界了，也不像我们当年那么土了。"今天的中国在抛开过去仰视西方的"滤镜"，重新审视美国真实发生的一出出闹剧时，才突然发现，我们曾经憧憬的"彼岸"已经"大厦将倾""浓烟滚滚"了。那么新自由主义所倡导的自由市场体制真是所谓的"繁荣基石"吗？它还值得我们继续憧憬吗？"摸着石头过河"的中国又将何去何从呢？

注　释

1. 2019年9月21日，中央档案馆公布了一批精选馆藏珍贵档案文献，其中有以俄罗斯联邦档案部门提供的开国大典彩色影片为基础剪辑制作的开国大典影像档案。这段12分钟的开国大典彩色视频，真实还原了这一伟大的历史时刻。

2. 文一:《国家为什么繁荣?——国民财富的起源与"空想市场主义"的终结》,载《东方学刊》2019年第3期。

3. "Then the world's mine oyster, Which I with sword will open", see William Shakespeare, *The Merry Wives of Windsor*, edited by John Dover Wilson, New York: Cambridge University Press, 2009, p. 28.

4. 康有为:《上清帝第一书》,载汤志钧编:《康有为政论集》(上),中华书局1981年版,第55页。

5. 孙中山:《建国方略》,载《孙中山全集》(第六卷),中华书局2011年版,第212页。

6. 蒋廷黻:《中国近代史》,上海古籍出版社2006年版,第2页。

7. 毛泽东:《论人民民主专政》,载《毛泽东选集》(第四卷),人民出版社1991年版,第1471页。

8. 石源华、金光耀、石建国:《中华民国史》(第十卷),中华书局2011年版,第685页。

9. 姜涛、卞修跃:《抗日战争时期中国人口损失综合估计》,载《学术动态(北京)》2005年第25期,第12—20页。

10. [美]埃德加·斯诺:《西行漫记》,生活·读书·新知三联书店1979年版,第104页。

11. 习近平:《在新进中央委员会的委员、候补委员学习贯彻党的十八大精神研讨班开班式上的讲话》,载中国政府网,http://www.gov.cn/ldhd/2013-01/05/content_2305247.htm,最后访问日期:2021年6月5日。

12. 逄先知、金冲及编:《毛泽东传》,中央文献出版社2004年版,第61页。

13. 中央文献研究室:《毛泽东传》,中央文献出版社2011年版,第1235页。

14. 李富春:《关于发展国民经济的第一个五年计划的报告——1955年7月5日至6日在第一届全国人民代表大会第二次会议上》,http://www.gov.cn/test/2006-02/23/content_ 208705.htm,最后访问日期:2021年5月5日。

15. [美]塞缪尔·亨廷顿:《变化社会中的政治秩序》,王冠华、刘为等译,生活·读书·新知三联书店1989年版,第314页。

16. 国家统计局国民经济综合统计司编:《新中国六十年统计资料汇编》,中国统计出版社2010年版,第10页。

17. 国家统计局国民经济综合统计司编:《新中国六十年统计资料汇编》,中国统计出版社2010年版,第42—44页。

18. 王绍光:《中国崛起的世界意义》,中信出版社2020年版,第126页。

19. 国家统计局国民经济综合统计司编:《新中国六十年统计资料汇编》,中国统计出版社2010年版,第50页。

20. 国家统计局国民经济综合统计司编:《新中国六十年统计资料汇编》,中国统计出版社2010年版,第6页。

21. 王维志:《中国人口寿命问题研究》,载《中国人口科学》1987年第1期,第44页。

22. 国家统计局:《沧桑巨变七十载 民族复兴铸辉煌——新中国成立70周年经济社会发展成就系列报告之一》,http://www.stats.gov.cn/tjsj/zxfb/201907/t20190701_ 1673407.html,最后访问日期:2021年5月7日。

23. 国家统计局国民经济综合统计司编:《新中国六十年统计资料汇编》,中国统计出版社2010年版,第69、72页。

24. 李玲:《将制度优势转化为人民健康福祉——新中国卫生健康七十年》,https://www.guancha.cn/liling2/2019_ 10_ 06_ 520346. shtml,

最后访问日期：2021 年 7 月 5 日。

25. 毛泽东：《七律·到韶山》，载《细读毛泽东诗词》，上海三联书店 2014 年版，第 280 页。

26. 毛泽东：《满江红·和郭沫若同志》，载《细读毛泽东诗词》，上海三联书店 2014 年版，第 369 页。

27. 王绍光：《中国崛起的世界意义》，中信出版社 2020 年版，第 125 页。

28. 唐俊：《国铁集团去年亏损 555 亿，铁路客流下降四成》，https：//www.jiemian.com/article/6040452.html，最后访问日期：2021 年 4 月 30 日。

29. 《阿里巴巴集团 2020 财政年度报告》，https：//doc.irasia.com/listco/hk/alibabagroup/annual/2020/car2020.pdf，第 102 页，最后访问日期：2021 年 4 月 27 日。

30. 《最新中国市值 500 强》，https：//m.21jingji.com/article/20210104/herald/0c4335e8448e3e92010aea55a2048091.html，最后访问日期：2021 年 4 月 27 日。

31. 《2020 年衡昌烧坊·胡润百富榜》，https：//www.hurun.net/zh-CN/Rank/HsRankDetails？num＝QWDD234E，最后访问日期：2021 年 4 月 27 日。

第三章
撕裂的美国

　　美国作为全球最大的经济体，过去 40 年间的发展速度不可谓不快，自由市场经济呈现出异常繁荣的景象。仅从各项数据来看，"美国梦"似乎已经实现。但是，极少有人意识到，20 世纪 70 年代已经是"美国梦"的最后一抹残阳。回顾半个多世纪以来的美国发展史，"自由市场"是美国繁荣的"基石"，还是撕裂美国的"潘多拉魔盒"？究竟是什么铸就了曾经的黄金时代？

燃烧的国会山

2021年1月6日,美国首都华盛顿特区硝烟弥漫。大批支持特朗普的示威者对2020年美国总统大选结果不满,他们冲破了警察设置的封锁线,暴力闯入国会大厦,与警察混战,随处涂鸦破坏。在示威者的冲击下,正在举行认证大选结果的参众两院联席会议被迫中断。

1814年,一支英国军队攻入美国首都,纵火将国会山烧成一片废墟。时隔两百多年,国会山再一次被"火焰"吞噬。只是这次这把火,由美国人自己点燃。冒着浓烟的国会山映照着陷入一片混乱的国会,汇聚成了一道"亮丽的风景线"。透过国会大厦的"沦陷"事件,我们看到当前美国社会撕裂、政治极化的严峻性。究竟是什么原因,让特朗普支持者做出如此过激的举动?

随着2016年特朗普当选美国总统,一本名为《乡下人的悲歌》的图书名噪一时。各路媒体大加推荐,认为这本书揭示了特朗普突破重重围堵、打败各路竞争对手的秘密。

《乡下人的悲歌》的作者是一名叫作J.D.万斯的美国年轻律师。他出生在肯塔基州的一个普通白人工人家庭,在俄亥俄州长大,周围都是被称为"红脖子"或"白垃圾"的白人贫困阶层。[1] J.D.万斯在书中通过对其切身经历的生动叙述,描绘了美国中西部地区逐渐衰退的场景,展现出这些地区的美国民众对生活的无助与迷茫。

从选民结构上看，特朗普的支持者以政治倾向保守的白人为主，包括大部分来自美国"铁锈带"的蓝领工人、中下层白人、乡村地区农民，以及南部"阳光带"的福音派教徒。这正是 J. D. 万斯在《乡下人的悲歌》中所描绘的群体。

传统观念将这些人视为美国的主流群体，理应享有"美国梦"中所描绘的中产阶级生活。然而，在新时代的财富创造洪流中，这些群体却面临着不断被边缘化的尴尬境地。由于财富分配日益不公，贫困与阶级固化程度不断加深，这些处于美国底层的民众生活越来越艰难，愤怒与不满的情绪在他们中间不断蔓延。

金融危机爆发后，美国普通民众就已经对以华尔街为主的金融集团产生了强烈的愤慨。在他们看来，制造了危机的精英阶层非但没有遭受任何惩罚，反而得到了美国政府的全力资助，而普通民众则不得不为这些人的贪婪买单。2011年下半年，大批示威者聚集在纽约华尔街附近，发起了席卷全美国的"占领华尔街"运动，以抗议精英阶层的为富不仁和社会财富分配不公。"占领华尔街"运动并未改变美国的财富分配机制，却埋下了美国社会政治局势走向极端化的种子。

特朗普抓住了时代的"痛点"，将饱受财富分配不公之苦的中下层民众作为自己重点争取的对象，成功赢得了2016年美国总统大选。但也正是这群人，在2021年初，强行攻占国会山，将美国社会的内部裂痕刺眼地展现在全世界面前。正如美国得克萨斯大学教授迈克尔·林德在《美国政权的五个危机》一文中指出的那样，国会山事件显示出美国社会的深度撕裂与政治极化。[2]

在过去的几十年里，不断恶化的贫富差距一度被美国经济和财富的高速增长所掩盖。自20世纪80年代以来，秉承新自由主义政策，美国对资本市场的监管逐渐放宽，各项税率大幅降低，政府对市场的干预也受到严格限制。相关政策的确促进了美国金融市场的高速发展，道琼斯指数与纳斯达克指数不断创下历史新高。根据Statista专业数据公司提供的数据，美国国内生产总值由1980年的约2.86万亿美元增长至2020年的20.94万亿美元，增加了7倍多。[3]

美国作为全球最大的经济体，过去40年间的发展速度不可谓不快，自由市场经济呈现出异常繁荣的景象。仅从各项数据来看，"美国梦"似乎已经实现。但是，极少有人意识到，20世纪70年代已经是"美国梦"的最后一抹残阳。

20世纪70年代之后，美国工人的工资几乎不再增长，而美国公司高管的收入却一再猛增。"在20世纪70年代，102家大公司（1940—1990年销售量曾列入前50名的公司）高管的平均收入以今天的美元价值折算，相当于120万美元，只比20世纪30年代CEO的收入略高，是当时整个美国经济体中普通全职工人工资的40倍。而到了21世纪初，CEO的年薪平均超过了900万美元，是普通工人工资的367

倍。"[4]

根据2018年《世界不平等报告》统计,从1980年到2016年,美国前1%的富人阶层收入占国民总收入比重从约10%上升至约20%,而后50%的美国民众收入占国民总收入比重则从约20%下跌至约13%的水平。也就是说,在近40年的变迁中,前1%的富人阶层收入占国民总收入的比重翻倍增长,而后50%的普通民众收入在国民总收入占比缩水超过1/3。[5]

随之而来的是年轻人追求"美好生活"的机会和空间不断被挤压。《纽约时报》2016年刊登了一篇题为《美国梦,终于量化了》的文章,其数据显示,出生于1940年的美国人,有92%到30岁时比其父辈30岁时的收入高。但1940年之后出生的人,收入高于父辈同龄时的概率逐渐降低,到1970年代降至61%,而1980年代出生的人,只有一半的人能比过父辈了。[6]

收入差距拉大加深了不同阶层之间的财富鸿沟,导致了不同阶层的群体为自己和子女获取社会资源与机会的能力也出现了巨大差异。这种差异不但影响父母这一代人的一生,而且这种影响也将传递给他们的子女及后辈,成为一种"阶级诅咒"。

到了21世纪,越来越多的美国人担心阶层固化正在形成,并认为这种趋势将会扩大美国特权阶级的力量。美国经济学家伊莎贝尔·索希尔在《不进则退》一书中指出:"随着不平等的加剧,美国社会关于社会流动性的辩论也日益升温。随着收入差距拉大,孩子们能否有机会超越他们的父母,这一点越来越重要。相比于过去,今天子女在收入上超越父母的速度更快还是更慢,目前尚无定论。但因为收入阶梯的差距比过去更大,家庭背景对一个人最终经济成就的影响也变得更大,而且在未来很长一段时间内都会如此。"[7]

不同阶层间的收入与财富差距使得出生在不同阶层家庭的孩子面对的各类资源与机会愈发不平等。在努力程度相同的情况下,不同阶层的孩子所得到的结果很有可能完全不同。对于绝大多数的底层民众子女来说,努力向上的回报率不断下滑,跳脱出原生家庭束缚的门槛却在不断变高。与此相对的是,出生于精英阶层的孩子不光可以享受到最为优质的各类资源,而且能够在父母的支持下获得更高的成功概率。

2020年,"新冠"疫情的暴发,使美国的财富不平等状况更加严重。疫情期间,美国政府出台了近4万亿美元的刺激政策,试图救助金融市场。美联储资产负债表从2020年1月1日的4.17万亿美元,迅速攀升至2021年6月2日的7.94万亿美元,短短一年多的时间里上涨3.77万亿美元。[8]

在这个特殊的历史时刻,商业成了政策资源分配中最大的"被慈善"对象。绝大部本应用来纾困的新增美元,最终都流入资本市场。股票和房屋等资产的价格被大幅推高,富人与穷人间的财富差距不断增大。彭博新闻社的数据显示，2020年，美国前1%富人的净资产总额已经达到约34.6万亿美元，而后50%普通民众的净资产总额只有约2.09万亿美元——前者拥有的财富总量是后者的近17倍。[9]

更为糟糕的是，美国前50名富豪所拥有的财富，在疫情期间增加了7000多亿，总额已超过2万亿美元。也就是说，这50名美国富豪的财富规模已经与美国约1.65亿普通民众所拥有的财富量相当。[10] 根据美国税收公平组织和政策研究所提供的数据，2020年3月18日至2021年4月12日期间，美国719位亿万富翁的财富总量从2.95万亿美元跃升至4.56万亿美元，增长了1.61万亿美元，增幅为55%。而在1990年，亿万富翁总身价2400亿美元，后50%的普通民众却拥有3800亿美元的财富总量，前者只有后者的63%。[11]

对于美国人来说，通过努力工作和辛勤劳动过上类似父辈们的中产阶级生活正变得越来越遥不可及。随着美国国内贫富两极化矛盾的加剧，普通民众的焦虑和愤怒也在持续累积。美国的精英阶层在享受财富盛筵，"乡下人的悲歌"却同时在各地上演。这种反差导致了美国社会与政治秩序近几年持续动荡，并最终成为点燃国会山的导火索。作为世界第一强国的美国怎么会走到今天？我们将时间退回到20世纪80年代之前——彼时的美国也曾拥有一个经济繁荣、社会财富分配相对公正、各阶层趋于平等的黄金时代。

曾经的黄金时代

从长历史周期的视角来看，一个国家不同时期的经济政策就像钟摆一般，随着时代的变换在"公平"和"效率"间来回摆动。

20世纪初，随着第二次工业革命的快速发展，美国经济蒸蒸日上，社会生产力快速发展，极大地提高了人们的生活水平，那段时间被人们称为"镀金时代"。福特汽车、通用汽车、美孚石油等今日依然耳熟能详的美国工业巨头均崛起于那个时代。

然而，快速增长的经济和不受调节的市场使得不同社会阶层间的贫富差距不断扩大。绝大多数普通民众忍受着贫穷和被剥削的苦难，与富人纸醉金迷的奢侈生活形成了强烈的反差。著名的喜剧大师卓别林在其电影《摩登时代》中，运用了夸张的剧情和表演，反映了那个时代普通工人阶层曾经历的真实痛苦。在影片中，资本家为了提升工人工作的效率，甚至发明了吃饭机器，以压缩工人们的吃饭时间。而工人们被迫如同零件一般，重复一个动作成千上万次，身体和精神受到严重摧残。

在古典自由主义市场经济理论的影响下，美国的资本集团和精英阶层无所顾忌地吞噬大量财富，并通过行业垄断的方式，彻底控制社会的方方面面。当时的美国社会长期动荡，贫富分化激起了普通劳苦大众对富人阶层的严重不满，双方矛盾一触即发。在西奥多·罗斯福的领导下，美国掀起了"反托拉斯运动"，并强行拆分了包括标准石油在内的众多垄断工业巨头。

仅仅拆分巨头并不足以完全解决美国社会所面临的财富分化问题。1929年，历史上影响最为深远的经济危机全面爆发，长达10年的"大萧条"彻底改变了美国的发展走向。不同阶级间对立和仇视情绪随着"大萧条"的爆发达到了顶点。大资本和精英阶层的肆意妄为，一度使整个资本主义世界都陷入危机。

为了应对危机，富兰克林·罗斯福在当选第32任美国总统之后，便全力推行新政，签署了针对税收与劳资改革的法案。

在新颁布的《公平劳动关系法》的支持下，美国工会运动终于得到蓬勃发展，一改长期被资本方压制的局面。"在'新政'之前，当雇主想要压制工会组织者或破坏已建立的工会时，联邦政府是他们的可靠盟友。但在罗斯福执政期间，联邦政府却成为工人结社权的保护神。依据1935年的《公平劳工关系法》，美国建立了'全美劳工关系委员会'。罗斯福在签署该法案时声明：'本法规定了产业雇员为集体谈判目的而享有自主结社权，该权利为本国实体法的一部分。本法也设定多种方式，以供政府保障该项合法权利'。"[12] 国家政策对工会活动的支持，提高了工人群体的议价能力，一定程度上改善了初次分配中的劳资收入差距。在工会力量的影响下，美国工人平均工资收入水平得到快速提升。蓝领工人阶层与其他阶层的财富差距缩小，促进了美国中产阶级社会的形成。

罗斯福新政还彻底改革了美国税收制度，对调节财富分配起到了至关重要的作用。自罗斯福新政时代开始，针对富人的税收连续上涨，不仅开始远高于1920年代，即使按今天的标准来看，税率仍是很高。所得税的最高税率在罗斯福的第一届任期升到63%（当前只有37%）[13]，在第二届任期进一步升到79%。到了1950年代中期，随着冷战开支的增加，这一税率升到了91%的历史高点。此外，那些依靠资本收入的人发现，不仅大部分收入被征收了税，而且将财富传递给他们的孩子变得越来越困难。最高遗产税率从20%上升到45%，然后是60%、70%，最后达到77%。[14]

政府通过调节财富分配机制，大幅缩小了美国各个阶层间的贫富差距，缓解了社会内部矛盾。政府利用从富人手中征得的财富，提高了基本医疗保障、失业保险与退休金计划等福利，将社会所创造的财富反馈给以劳动与中产阶层为主的普通美国人，为他们的生活提供了更多保障。而更合理的财富分配机制使美国中等家庭在1950年代的实际收入相比于大萧条时期大幅提升。

从西奥多·罗斯福到富兰克林·罗斯福，近半个世纪的时间里，美国一直在徘徊中前进。直到"罗斯福新政"采取了一系列的改革措施，才终于限制住资本垄断的行为，并通过调整税收制度等手段，以更为公平合理的方式重新分配社会财富，为第二次世界大战后美国经济的腾飞奠定了重要基础。

到了20世纪50年代，尽管彼时的美国仍笼罩在冷战的阴影之中，政治局势一度动荡不安，但美国从战后萧条中渐渐走出，迎来了一个经济快速发展的黄金时代。在此期间，美国国内工作机会充裕，几乎无限接近完全就业，这也使得工资收入年年上涨，一个30多岁的男人完全可以依靠一己之力养育整个家庭。在这段时间，美国社会贫富差距极小，社会福利保障比现在要好。中产阶级达到了历史最大规模，社会较为平等。那个时代的年轻人对生活充满希望。每个美国人都可以通过辛勤劳动获得富足生活。

1950年代美国财富阶层所拥有的资产规模要远远小于1920年代同一阶层富豪所拥有的财富。1929年美国最富有的0.1%人口占有本国财富的20%多，但在20世纪50年代中期只有10%左右。[15]保罗·克鲁格曼在其著作《一个自由主义者的良知》中指出，导致富人阶层收入大幅度下降的原因在于，政府对富人征收的税率出现大幅度提升。

罗斯福新政对美国社会发展产生了深远的影响。在富兰克林·罗斯福主政期间，美国由原先过度追求"效率至上"扭转至寻求"公平分配"的政策方向，并对早期自由主义影响下的资本主义市场经济体制进行了修补和完善。美国经济逐渐得到恢复，普通民众生活大幅改善，并为其20世纪50年代至70年代的繁荣打下了坚实的基础。这充分说明了在特定条件下，政府对市场进行干预并通过二次分配等经济制度进行财富再分配的必要性和有效性。

按照当前主流的新自由主义市场派观点来看，大幅加税、提高法定最低工资水平、政府强力干预市场等行为，会对经济增长造成负面影响。然而，20世纪50年代至70年代的美国经验却恰恰证明了相反的结论。

Statista公司的历史数据显示，1950年，美国国内生产总值约为2998亿美元，到了1980年，美国国内生产总值总值却达到了2.86万亿美元，30年间增长了近10倍。[16] 这期间，虽然政府实行了一系列增税等利于劳方的调节政策，工人的最低时薪不断上涨，但经济的总体表现却丝毫不逊色于其他高速增长时期。[17] 仅以经济增长速度来说，1950年至1980年间30年的增幅甚至远高于之后40年的增幅水平。

1950年至1980年间，美国各个阶层民众收入达到了历史上相对平等的水平。20世纪70年代，美国前1%的富人平均税前收入占国民总收入比重在11%上下浮动，而后50%的美国普通民众税前收入则占美国国民总收入约20%。[18] 美国普通人的收入快速上涨，并刺激美国消费市场的持续繁荣，进而推动美国经济在这一阶段快速良性增长。在各种因素的综合作用下，美国经济在飞速增长的同时，贫富差距反而在缩小。

可见，增加税收、提高最低工资标准、直接干预市场等措施不但没有像许多新自由主义者声称的那样降低社会资源分配效率、拖累美国经济发展，反而为美国创造了长达近30年的黄金时期。政府通过介入一次分配与二次分配，有效地实现了对社会财富的合理调整，解决了20世纪初至大萧条时代以来的美国贫富差距恶化问题，并在此基础上创造了美国经济发展的黄金时代，使只要努力工作就一定能够获得更好生活的"美国梦"成为可能。

被打开的魔盒

时间来到1970年代末，一切发生了翻天覆地的改变。在经济滞胀的影响下，财富分配机制的周期回转。以自由放任为核心的新自由主义思潮的影响力逐渐扩大，美国再次步入到追求"效率至上"的新一轮周期中。

新自由主义思想最早起源于英国，是一种现代政治思想和意识形态派别。英国著名学者大卫·哈维在其《新自由主义简史》一书中指出，在新自由主义者的视角中，国家应该以维护个人财产权、法制以及保证自由市场运行为根本，竭力避免干涉经济运行。[19] 因此，个人主义、知识产权、创业精神、全面私有化与自由贸易等，是新自由主义国家所最为倡导的几个重要原则，也被认为是发展经济、创造就业并快速提升科技水平的不二法门。

新自由主义作为一种学说存在已久。但直到 20 世纪 70 年代末，这一思潮才开始在美国的政策实践中发挥越来越大的影响。70 年代初期，美国社会对大资本和富人阶层十分警惕。全面放开对市场经济的限制与当时主流思想矛盾较大，新自由主义长期处于被压制状态。然而为何短短几年时间里，这一意识形态竟异军突起，并最终席卷全球？这与当时美国的政治经济状况紧密相关。

20 世纪 70 年代，由于深陷越南战争泥沼，再加上与苏联之间的冷战日趋白热化，美国政府的财政压力不断加大。1973 年，随着第四次中东战争的爆发，全球石油价格猛涨，美国陷入严重的通货膨胀。石油危机的爆发使美国经济受到剧烈冲击，再加上过度宽松的货币政策与布雷顿森林体系的崩塌等问题，最终引发了长期经济滞胀。

美国政府依旧试图通过实施扩张性的财政与货币政策，实现经济复苏。在经历了"大水漫灌"之后，美国经济不但未能恢复增长，反而陷入更加严重的经济滞胀中。由于传统手段无力解决长期滞胀等问题，美国经济政策出现转折点。

里根执政时期开始在经济上实行全面自由市场政策：强调公共服务与资产的全面私有化，并在税收政策上向富裕阶层倾斜。美国国会先后通过了《1981 年减税法案》和《1986 年税制改革法案》两套税制法案，对美国原先的税制系统进行了大规模改革，大幅降低了个人所得税与企业税。《1986 年税制改革法案》影响最为深远，该法案将公司所得税的最高边际税率由原来的46%下调到34%，个人则由50%降为33%。最高收入阶层实际适用的是28%的边际税率，而不是税法中规定的33%。[20]该法案还降低了资本利得税。这使美国税收制度丧失了二次分配的作用，并直接导致了贫富差距的迅速扩大。

工会运动的衰落也折射出美国经济制度的周期性变化。保罗·克鲁格曼指出，"里根当政后，反工会运动得到最高层的政治鼓励和支持。里根对空中交通管制员工会的镇压是对各行各业的工会发出全面进攻的信号"。[21]试图组织或支持工会活动的工人常常遭到非法解雇，从1970年代后期到1980年代初期，投票支持工会的工人中，至少有1/20遭到非法解雇，一些估计甚至认为这一比例高达1/8。在一系列打击措施之下，工人加入工会的比例从1973年的39%下降到2005年的13%。[22]工会曾经是抑制贫富不均的强大力量，如今却遭遇成员骤降，也失去了与商业大资本集团博弈的实力，在市场浪潮中不断被边缘化。

正如潘多拉的魔盒一样，限制资本和市场的枷锁一旦打开，短时间内很难被再次关上。新自由主义彻底改变了美国主流经济学的发展方向，引导美国政府不断采取包括减少税收、实施私有化、放松市场监管、大幅增加政府负债等政策，走向完全放任自由的市场经济理念。

随着新自由主义政策的实施，美国经济虽然走出了滞胀的困境，但这也为1980年代后的数次大型金融危机埋下了祸根。至此，美国逐渐放弃了对财富分配的调节政策，各阶层财富收入差距日益扩大，严重侵蚀了美国国家治理能力，使政治极化现象不断蔓延。

随着2007年次贷危机的全面爆发，美国财富分配结构加速失衡。美国中产阶级的主要财富集中于房地产，而次贷危机直接导致美国房地产价格大跌，使普通美国民众蒙受了巨大的经济损失。然而，美国财富阶层却在获得美联储和美国政府的多轮救助之后，迅速恢复了元气，还依靠来自于政府救助的资本，以较低价格收购了大量优质资产。

更为恶劣的是，大型跨国企业与金融财团的高管在危机期间，拿着政府的补贴大肆发放奖金。造成金融危机的罪魁祸首不但逍遥法外，反而获得了巨大财富。这激起了美国民众的强烈不满，以"占领华尔街"运动为代表的大型群体性社会运动开始在全美各地涌动。

资本的天性是追求更高的利润，资本所有者必然会想方设法干涉财富分配机制，以求获得更多的经济收益。借由新自由主义意识形态，大型企业、金融巨头、社会精英阶层在学术理论的支持下，阻碍政府对财富分配机制进行合理调节，并淡化分配机制的社会平衡作用。而当政府无法利用法律与税收机制进行调节时，社会财富必然倾向于集中在极少数人手里；绝大多数的普通民众，则陷入收入增长停滞甚至不断减少的窘境之中。

虽然许多学者已经意识到财富分配失衡的后果，但是在新自由主义意识形态的影响下，这种质疑却被斥责为是对市场自由运行的干涉，而这种干涉会导致更大的风险。通过税收调节社会财富分配，被认为将降低富人的投资积极性，削弱国家的科技创新能力，甚至会使富人通过移民等手段转移财富，造成资本和人才的外流，降低经济的整体运行效率。

可以看出，在自由放任的市场经济意识形态影响下，几乎所有试图改变财富分配机制的政策都被牢牢禁锢。在这种情况下，美国社会财富的价值错配迟迟得不到纠正，财富分化问题也愈演愈烈，最终演变成全面的社会与政治冲突。

客观上讲，在特定的历史阶段，对资本与市场经济放松限制有一定的必要性。但是，一个财富分配严重两极化的社会，其经济很难保持长期的稳定增长。自由市场政策下，既得利益者必然倾向用自身的资源影响政府，鼓励政府制定有利于自己的经济和货币政策，而这些政策毫无疑问会削弱普通民众的财富收入，加剧社会经济中"赢家通吃"的局面，使贫富差距问题不断恶化。

更危险的是，新自由主义危机正漫溢至全球。美国的实体生产领域难以吸收庞大的过剩资本，在新自由主义经济政策的助推下，越来越多的资本转入房地产市场、股票、证券等金融市场进行投机。自1990年以来，金融化进程加速，海外直接投资和证券投资在整个资本主义世界快速增长。美国利用"优先进入巨大的国内消费市场"这个"胡萝卜"，诱使许多国家按新自由主义原则进行经济改革，以便利于美国企业在世界各地赚取高额利润。

在2020年的美国大选中，人们可以清楚地看到在新自由主义体系下成长起来的数字巨头，即以谷歌、脸书、推特、苹果等为首的跨国互联网科技数字巨头能对美国社会造成了多么巨大的影响。数字时代的新自由主义，仍然在鼓吹原教旨主义的市场政策与放任自由的经济模式。而完全放开对数字市场的限制与监管，正是数字巨头获取全面垄断地位的重要目标。

"新冠"疫情冲击下全球经济复苏乏力，处于从创造增量全面转变为竞争存量的时代，社会流动空间进一步缩小。以数字巨头和金融集团为核心的财富阶层依靠技术与资本优势，通过控制资源分配的方式汲取了庞大的财富。绝大多数普通人根本无法参与到数字时代的财富分配游戏里，这导致了更为严重的贫富分化。

数字巨头主导下的平台型垄断，展现出不同于以往任何垄断形式的特征。其对传统价值分配机制的结构性颠覆，加剧了社会不平等。如何应对数字时代更加不可逾越的财富鸿沟，防止社会走向两极分化，成为当代各国必须面对的重要议题。

注　释

1. ［美］J.D.万斯:《乡下人的悲歌》，刘晓同、庄逸抒译，凤凰文艺出版社2017年版。

2. Michael Lind, "The Five Crises of the American Regime", *Tablet Magzine*, January 2021, https://www.tabletmag.com/sections/news/articles/american-crises-capitol-assault, 最后访问日期：2021年4月26日。

3. Annual Gross Domestic Product and real GDP in the United States from 1930 to 2020, https://www.statista.com/statistics/1031678/gdp-and-real-gdp-united-states-1930-2019/, 最后访问日期：2021年6月6日。

4. [美]保罗·克鲁格曼：《一个自由主义者的良知》，刘波译，中信出版社2012年版，第154页。

5. World Inequality Lab, "World Inequality Report 2018", *Paris School of Economics*, December 2018, 最后访问日期：2021年6月6日。

6. David Leonhardt, "The American Dream, Quantified at Last", https://www.nytimes.com/2016/12/08/opinion/the-american-dream-quantified-at-last.html, 最后访问日期：2021年6月6日。

7. Isabel V. Sawhill, "Trends in Intergenerational Mobility", in *Getting Ahead or Losing Ground: Economic Mobility in America*, eds. Rom Haskins, Julia B. Isaacs, and Isabel V. Sawhill, Washington, DC: Brookings Institution, 2008, 最后访问日期：2021年6月6日。

8. Federal Reserve Bank of St. Louis, "Consolidated Statement of Condition of All Federal Reserve Banks", https://fred.stlouisfed.org/series/WALCL, 最后访问日期：2021年6月6日。

9. Board of Governors of Federal Reserve System, "Distribution of Household Wealth in the U.S. since 1989", https://www.federalreserve.gov/releases/z1/dataviz/dfa/distribute/chart/#quarter: 0; series: Net%20 worth; demographic: networth; population: 1, 3, 5, 7; units: levels; range: 2005.2, 2020.2, 最后访问日期：2021年4月5日。

10. Bloomberg,"Bloomberg Billionaires Index", https://www.bloomberg.com/billionaires/,最后访问日期：2021年4月5日。

11. Chuck Collins, Updates：Billionaire Wealth, U.S. Job Losses and Pandemic Profiteers, https://inequality.org/great-divide/updates-billionaire-pandemic/. Billionaire Pandemic Wealth Gains of 55%, or \$1.6 Trillion, Come Amid Three Decades of Rapid Wealth Growth, https://ips-dc.org/wp-content/uploads/2021/04/IPS-ATF-Billionaires-13-Month-31-Year-Report-copy.pdf,最后访问日期：2021年6月6日。

12. ［美］保罗·克鲁格曼：《一个自由主义者的良知》，刘波译，中信出版社2012年版，第53—54页。

13. 目前美国收入所得税的最高税率是37%。https://www.wsj.com/articles/2020-2021-federal-income-tax-rates-and-brackets-11617906878, https://baijiahao.baidu.com/s?id=1700384682494266120&wfr=spider&for=pc,最后访问日期：2021年7月29日。

14. ［美］保罗·克鲁格曼：《一个自由主义者的良知》，刘波译，中信出版社2012年版，第51页。

15. ［美］保罗·克鲁格曼：《一个自由主义者的良知》，刘波译，中信出版社2012年版，第52页。

16. Annual Gross Domestic Product and real GDP in the United States from 1930 to 2020, https://www.statista.com/statistics/1031678/gdp-and-real-gdp-united-states-1930-2019/,最后访问日期：2021年6月6日。

17. Federal Reserve Bank of St. Louis,"Gross Domestic Product", https://fred.stlouisfed.org/series/GDP,最后访问日期：2021年4月5日。

18. World Inequality Lab,"World Inequality Report 2018", *Paris School of Economics*, December 2018,最后访问日期：2021年6月6日。

19. [美]大卫·哈维:《新自由主义简史》,王钦译,上海译文出版社2010年版,第74—76页。

20. 张瑛摘译:《美国税制改革历程》,载《经济资料译丛》2004年第3期,第24—28页。原作者为阿兰·J. 沃尔巴克(Alan J. Aierbach),美国加利福尼亚大学伯克利分校教授,本文根据沃尔巴克教授2002年9月12日在日本经济社会研究所举行的"税制改革"主题研讨会上的英文发言稿摘译而成。

21. [美]保罗·克鲁格曼:《一个自由主义者的良知》,刘波译,中信出版社2012年版,第163页。

22. [美]保罗·克鲁格曼:《一个自由主义者的良知》,刘波译,中信出版社2012年版,第162页。

第四章
数字财富鸿沟

在新自由主义体系下成长起来的数字巨头，一度在"创新"的光环下，承载着人们对科技的乐观主义想象。数字巨头的快速崛起，也创造了越来越多不可思议的造富神话。当人们终于警觉起来，才发现这些已经成长起来的巨头，正利用技术叠加资本，在某些方面发展出了超越国家的能力，并试图改写传统市场的规则。数字巨头主导下的平台型垄断，展现了与以往任何垄断形式都不同的特征，其对传统价值分配机制的结构性扭曲，加剧了不平等程度，造成了新的财富鸿沟。这一切因何而起，又当止于何处？

数字造富神话

随着人类社会加速进入数字时代,财富的创造也呈现出明显的加速趋势。根据2021年3月发布的"胡润全球富豪榜",2020年,新增412位10亿美元级别的富豪[1],若按一年365天计算,相当于约21.3小时产生一位。

互联网平台更是显示出超乎寻常的造富能力。排名前10名的富豪有一半出自互联网平台型巨头。[2] 截至2021年1月1日,全球市值排名前10名的公司里,有7家是平台型巨头。[3] 欧盟的研究指出:"与传统的商业模式相比,2020年,在线平台继续以无与伦比的速度在增长。2020年1月至10月,全球排名前100名的平台型企业的总市值增长了40%,达到10.5万亿欧元。"[4] 短短10个月,互联网平台企业的市值就增加了近一半。异军突起的互联网平台,犹如一趟又一趟"造富高铁",满载着一批又一批企业创始人迈向"巨富"的"下一站"。

回望平台崛起的历史,2016年是一个标志性的年份。过去,全球市值最高的公司长期被制造业、资源采掘业和金融业的企业占据。2016年8月,全球市值最高的五家公司第一次全部变为互联网平台型巨头,其排名从高到低依次为:谷歌母公司字母表、苹果、微软、亚马逊和脸书。这标志着全球进入了平台经济时代。[5]

与传统经济发展不同，数字时代的财富创造与集中速度前所未有，许多老牌工业巨头上百年的积累甚至比不过新兴科技公司数年的财富增长。以特斯拉公司为例，其创立于2003年7月，主要业务为新能源汽车制造。作为一个成立不到20年的新兴汽车制造商，其2021年6月4日的最新市值超过了5770亿美元，约为老牌传统汽车制造商丰田的2倍以上，戴姆勒公司的5倍以上，更是福特汽车公司市值的10倍以上。[6]也就是说，特斯拉单日市值波动就可以超过拥有百年历史的福特汽车全部市值的水平。

在2021年最新的福布斯全球富豪榜单上，前10名的全球富豪中，有7位来自于美国的科技巨头企业。这些企业的成立时间都不是很长，主要业务均是以平台形式向全球延伸。它们的崛起，使企业股东们在很短的时间里就拥有了惊人的财富。[7]

在自由市场经济的大背景下，依托数字技术的发展，新兴科技巨头不再是产品的生产者，也不是消费服务的提供者，而是利用技术优势构建起独立的平台系统、并直接控制全球经济体系的一部分。从这一点来看，具备全球性质的科技巨头们通过数据平台获得了远远超过普通企业的影响力和造富能力。从工业资本主义到金融资本主义，再到今日的数字资本主义，社会财富的创造速度与集中度已得到极大提升，并在技术效应的影响下不断放大。

如果将视角拉长，对比历次工业革命的创富周期，我们会看到，互联网平台企业造富的加速趋势愈加明显。从15世纪欧洲资产阶级诞生的最初阶段至第一次工业革命时期，经营纺织业从发迹到成为亿万富豪，需要经过二代至三代人的不懈努力，例如富格尔家族；到第二次工业革命时期，成为亿万富豪也需要至少一代人的长期奋斗，例如卡内基家族、福特家族；到第三次工业革命时期，如英特尔等半导体企业的崛起，造富周期缩短到20年至30年；而如今的数字时代，互联网平台企业已经将造富周期缩短到2年至10年。

生活在数字经济时代的中国人，也目睹了大量的造富神话。2012年胡润首次发布全球富豪榜时，大中华区进入榜单前50名的富豪只有4人，而且都是香港房地产商。[8] 到了2021年，进入全球富豪榜前50名的大中华区富豪人数猛增到17人，其中7位来自互联网平台型巨头，占比超过了40%。

2018年7月26日，成立仅3年的社交电商平台拼多多在美国纳斯达克成功上市，上市首日市值一度达到300亿美元，拼多多创始人黄峥的身价也因此飙升到900亿元人民币。截至2020年12月1日，拼多多市值已达1776.7亿美元。[9] 2021年，黄铮进入中国百富榜前十。[10] 到2021年3月中旬，黄峥宣布卸任董事长职务时，41岁的他已经坐拥4500亿人民币资产。[11]

2018年9月20日，王兴在香港交易及结算所有限公司（以下简称"港交所"）敲响铜锣，美团正式登陆港交所。

从2010年3月4日推出美团网到在港上市，王兴仅用了8年时间。到2021年2月，受益于疫情对外卖服务的推动，美团市值超过了3万亿港币。

在王兴成立美团两年后，2012年，张一鸣创立了字节跳动。据2021年4月初《南华早报》的报道显示，随着短视频应用TikTok母公司巩固其在全球科技独角兽中的领先地位，字节跳动在私募股权投资市场的最新估值已达4000亿美元。[12]不到9年的时间，字节跳动就已经成了全球化的互联网平台型巨头，其市值超过同期的埃克森美孚或可口可乐。

2011年，原网景公司创始人马克·安德里森在《华尔街日报》上发表了一篇文章，题目是"为什么软件正在吞噬世界"。安德里森认为，目前成长最快、利润最高的公司，无一不是软件公司。面对软件公司的竞争和冲击，诸如制造业、电信业、电影业、石油和天然气业、金融业等传统企业要么转型，要么死亡。只有那些将自己变成软件公司的传统企业才能存活下来。他据此预测，在未来，软件将颠覆和重塑更多行业，软件会渗入经济活动的方方面面。[13]

十年过去了，我们不妨说，互联网平台正在吞噬世界。正如亚历克斯·莫塞德与尼古拉斯·L.约翰逊在他们合著的《平台垄断：主导21世纪经济的力量》中所言："如果说软件是这一经济大变革的开启者的话，那么今天吞噬世界的则是平台。平台主导了互联网和我们的经济。"[14]互联网字宙改变、侵蚀、分解着物理宇宙，如同用巨大的触手在一个活体上源源不断地吸取能量。阿里巴巴和亚马逊是最好的例子，它们成功地转变和"吞噬"了很多传统的零售业。物理宇宙里的实体除了配合和改变外，别无他法。抵抗是无效的。如果不合作，就只能等着慢慢消亡。

互联网平台为什么具有如此强大的造富能力？互联网平台深刻地改变着世界，它创造的财富惠及普通民众了吗？它到底是缓解还是加剧了贫富分化呢？

平台"吞噬"世界

要理解互联网平台快速崛起的奥秘，我们须从一个20世纪的经典问题讲起：计划经济究竟是否可行？计划经济和市场经济到底孰优孰劣？

支持市场经济的代表人物哈耶克认为，计划经济的根本困难是无法收集、处理经济决策需要的全部信息。在哈耶克看来，我们并非生活在一个拥有完全信息的世界中。我们必须使用的那些知识从来都不会以集中的或者整合的形式存在，而是仅仅作为分散的、不完整的，甚至是互相矛盾的知识碎片，存在于分散的个体手中。我们身处信息高度碎片化、去中心化的世界，而不是完全信息的世界。此外，即便一个人掌握了协调经济的所有必要信息，他也不可能对所有这些信息进行加工从而指挥经济，因为情况一直在变化。[15]

由于中央计划者不可能掌握给定时空里特定情形的全部知识，哈耶克认为，对大规模经济行为进行集中协调、计划根本不切实际，大规模的中央计划经济是不可能的。因此，"中央计划者不得不寻找某种方式或者别的方式，他们需要将决策权留给'在场的人'"，可行的经济形态必然是某种去中心化的形态，这样局部知识就能在经济行为中被"即时使用"。而市场经济，就是这样一种去中心化、分布式的机制，它能通过价格这个信号，有效整合并处理经济中每个个体掌握的局部知识。[16]

问题是，如果分布式的市场经济能有效协调经济行为，每个个体直接达成交易不就行了吗？为什么会存在企业呢？要知道，企业内部并不按照市场机制，而是按照行政计划和指令运作的。对此，罗纳德·科斯的回答是，因为市场存在交易成本，企业的作用是内化交易成本，一家公司就好比是一个在更大的市场体系里运行的小型的、中央计划型的经济。[17]举个例子，如果你想生产汽车，你就必须雇佣相当多的人手，因为汽车零部件众多，是一种高度复杂的产品，你需要高效地管理、指挥手下的众多雇员，指挥他们去购买场地、原料、办公和生产设备，建设厂房并执行你的经营决策。可是，如果你连购买一批办公用的电脑和打印机都需要像市场交易那样跟你的雇员讨价还价半天，交易成本就会高到你的企业根本无法运作，更谈不上执行复杂的经营决策了。此时，更高效的运作方式自然是用行政计划和指令，将某些交易成本消化在企业内部。

信息技术革命彻底改变了自远古以来人类的交流方式。在互联网作用下，全世界不同地区之间的交流效率得到大幅提升，相互传递的信息量也达到了空前水平，地球此刻在真正意义上成了一个小小的"村庄"。不可否认，这一变革极大地改善了人类的生活质量，提高了经济生产效率，然而也不出意料地带来了新的难题。

与之前的时代不同，互联网极快的信息交流速度，使参与互联网的用户天然倾向于将大型平台作为交流媒介，以帮助人们最大程度地同他人建立联系。而一旦建立联系，用户必然将对其所使用的平台产生"黏性"，拥有优势的平台会不断壮大，直至"吞噬"某一部分互联网或数字领域，占据垄断地位。

传统企业通过提供产品和服务创造价值，其价值按照企业供应链单向线性流动，最左端是成本，中间是产品和服务，最右端是收入。换言之，传统企业都是线性模式，价值从供应商流动到生产商，最终一路到达消费者。[18]

线性模式的局限性在于，线性模式的企业需要投资、占有大量内部资产。当线性模式企业的规模扩张到一定程度，就会出现"规模不经济"。一方面，投资的边际收益会递减；另一方面，规模扩大，内部的交易成本会随之增加，导致企业无法有效收集和处理作出科学决策需要的全部信息。因此，一旦线性模式企业的规模达到某个临界点，扩张的成本就会超过带来的收益。[19]

新技术的出现，颠覆了游戏规则。1965年，波兰经济学家奥斯卡·兰格发表了一篇文章《计算机与市场》。兰格认为，计算机可以解决中央计划者无法解决的处理大量信息的任务，从而使中央计划经济成为可能。[20] 就在兰格发表这篇文章的同年，英特尔联合创始人之一戈登·摩尔提出了"摩尔定律"，即同体积集成电路的性能约每18个月至24个月便会增加一倍。这意味着，计算机的信息处理能力呈指数增长趋势，一开始很慢，一旦累积到一定程度，就会爆发式增长。[21]

不过，虽然计算机可以存储并加工大量信息，却无法搜集、传输信息，该如何解决海量信息的收集和传输问题呢？此时，互联网和智能手机登场了。智能手机等智能终端，就是携带了大量微型传感器的信息收集器。在这个智能手机越来越普及、人人都是"低头族"的时代，每个使用智能手机的人都是随时随地收集信息的"信使"。他们收集的信息，通过互联网进行传输。5G等新技术，又大大加快了信息传输的速度。由此，互联网开启了去中心化沟通的新时代。

新技术在"去中心化"的同时，又"再中心化"了。原因在于，这些分布式的网络并不是自发地形成和扩张的，它需要一个组织作为网络的首要节点，从而大规模地增加并协调那些行动。换言之，海量智能终端收集到的信息，必须经由互联网，传输、汇集到具有超强计算能力的中心计算机那里。平台，就是那个掌握了海量信息，并拥有超强信息处理能力的中心节点。由于新技术的赋能，相较于传统线性企业，平台企业拥有巨大的优势。

在传统工业时代，资本增值的方法是进行实体生产活动，获取劳动者劳动的剩余价值。因此，在传统工业时代，资本完成一个增值周期，必须经历研发、投资建设厂房、雇佣劳动力、购买设备、生产、宣传销售等环节。这首先意味着，企业必须占有大量实体资产，扩大规模的成本比较高，增加投资的边际收益却有限。其次，由于每个环节都要分走一部分收益，因此收益率相对有限。对工人，必须支付工资；对研发人员，要支付研发费用、技术性入股的分红或者发明奖励等；对企业的管理者，要支付较高的经理工资；而市场营销者则通过营销费用和流通费用获得报酬。而且，企业的生产过程还享受了国家提供的正外部性，需要支付税费。除去以上各个环节，剩下的才是资本的增值收益，增值速度相对有限。

相比之下，平台企业具有明显的"轻资产"的特点，它们并不投资内部资源，比如员工、工厂、生产设备或者仓库。用汉威士传媒集团高级副总裁汤姆·古德温的话说："世界最大的出租车公司优步，不曾拥有一辆车。世界最流行的社交网站脸书，没有生产过任何内容。最有价值的零售商阿里巴巴，没有一件商品库存。还有世界上最大的民宿网站爱彼迎，旗下没有一处房源。"[22] 加拿大学者尼克·斯尔尼塞克将这种尽可能降低资产所有权的平台称为"精益平台"，此类平台采取"超外包"运作模式。换言之，"精益平台"试图将几乎所有可能产生的成本都外包出去，包括员工外包、固定资本外包、维护成本外包以及培训外包等，剩下的只是最低限度的投入——控制平台，获取垄断租金。[23]

换言之，平台企业重塑了价值创造的过程，它们"连接"而不"拥有"。在这种情况下，经济价值创造的源头发生了巨大的转变，企业不再是价值创造的唯一源头，无数匿名个体的分布式价值创造活动，取代了以往线性企业的内部生产活动。[24] 平台自己并不生产价值，却开辟了生产价值的新源泉。平台声称自己只是中立的技术平台，仅仅提供中介服务，提供平台的接入，撮合用户之间的交易，自己并不参与交易。[25] 平台之所以成为主导，不是因为它们拥有什么，而是因为它们通过连接足够数量的用户而创造价值。它们不像传统工业垄断企业那样拥有生产资料，相反，它们拥有的是连接的手段，扩大规模的边际成本几乎为零。而且，由于自身并不参与交易，不进行实体生产，互联网平台省略了传统工业时代的研发、投资建设厂房、雇佣劳动力、购买设备、生产、宣传销售等中间环节，不需要占有大量实体生产资料，这就大大减少了资本增值过程中的分利环节，相应增加了剩余收益。

既然平台是一个"连接"用户的网络，就必然遵循"网络效应"的规律。网络效应是指，使用某种产品或服务的消费者会形成一个网络,当其他消费者购买这种产品或服务、加入这个网络时,就会产生额外的价值。消费同种商品和服务的消费者越多,这些商品和服务就越有价值。[26] 网络效应并不限于互联网平台经济,但在平台经济模式中体现得最为明显。新用户的加入,会让所有用户乃至整个平台都获得更多的价值,用户越多,平台就越有价值。用户数量,是平台的生命。

在过去,传统的线性企业对接用户数量与其所获得的价值之间的关系仅限于企业与用户双方,其效果类似于"加减乘除"的基础影响,即单向性的生产、销售与消费,用户对企业很难产生价值回馈,用户和用户之间更是不会有价值上的联系。而在数字经济时代,"网络效应"所带来的关系要比线性企业复杂许多。根据梅特卡夫定律:"网络的价值与系统中连接的用户数量的平方成正比(网络价值 = n^2)。"[27] 这也意味着,网络效应所带来的是,平台对用户、用户对平台、用户对用户等全方位立体式的交互影响,其产生的价值效益远超线性企业的增长水平。这说明,"随着更多的人加入网络,在网络中潜在的连接的数量是按照(n^2-n)/2 的函数增长。随着可能的连接变得越来越多,结果就会接近 n^2 的极限,这就是梅特卡夫定律的数学定义"。[28]

平台扩大规模的成本极低,收益却很高。相较于传统企业,平台扩张规模具有无与伦比的边际经济效益。有形资产和员工队伍并不能无限壮大,但网络平台却可以。例如,希尔顿或喜来登这样的实体连锁酒店要扩张业务时，他们需要建造更多的客房，雇佣成千上万的员工，成本高，边际收益却有限。但爱彼迎扩展业务，只要在其网络列表上多添加一间房间即可，花费的边际成本微乎其微，[29] 增加的用户则能带来更多的流量和交易。

极低的扩张成本和极高的收益，使互联网平台拥有很强的动力去开疆拓土，连接更多的用户、更多的领域。换言之，互联网平台有很强的动力吸引海量用户的加入，把自己的经营模式扩展到实体经济，比如传统的餐饮、出租车、酒店，甚至线下菜市场等行业。

快速扩张的网络效应，带来了数字时代平台经济的一个突出特点，即赢家通吃——"垄断的趋势是建立在平台的DNA上的"。[30] 相比于传统产业，互联网产业的集中度通常要高很多。在传统产业中，一般都会存在多家实力相当的头部企业，整个行业通常会呈现出多寡头竞争或者垄断竞争的结构。而在互联网产业，则有"数一数二，不三不四"的说法，即同一个领域只会有一到两家份额巨大的企业，排名靠后的企业在市场上的份额可以忽略不计。[31]

由于平台企业增长更快、边际利润和投资回报率都更高，自然更能赢得资本市场的青睐。用《平台资本主义》的话说："在一个超低利率和投资机会的时代，精益平台经济最终会成为盈余资本的一个出口。"[32] 直观的表现是，投资者对平台的估值远远高于线性企业。如果我们看看标准普尔

500指数，会发现投资者对平台企业的估值是其营收总额的8.9倍。相比而言，线性企业的公司平均估值只有营收总额的2倍至4倍。同样，平台初创公司比线性初创公司获得的估值更高。而且，这一差距随着时间的推移越来越大。[33]

与传统工业经济劳动者与消费者之间划分明确所不同，数字经济时代的用户既是消费者，也是平台数据和内容的生产者。数据平台将信息交流的公共服务转化为商品的生产与消费，并在市场经济的影响下持续商品化。尼克·斯尔尼塞克在《平台资本主义》一书中指出："所有这些特性，使得平台成为提取和控制数据的关键业务模型。通过为其他人提供数字空间进行交互，平台获得自己的定位，即从各种渠道提取数据，包括自然条件如气候条件、作物周期等，生产过程如装配线、流水线生产等，以及其他企业和用户如网页跟踪、管用数据等。平台是数据的提取装置。"[34]

数字时代的新技术叠加金融资本之后，以新兴科技巨头为核心的各类数字平台，通过对互联网某一领域的垄断，获得了超高额的利润。在技术的支持下，数字平台对财富形成"虹吸效应"，这大大加快了社会财富的集中度，并放大了当前财富分配机制的缺陷，使各阶层之间的财富鸿沟越来越深。

加速扩大的"鸿沟"

在数字时代，网络平台企业极大地加强了对一线劳动者的生产管理和束缚。可这些劳动者创造出来的价值,并没有被更有效地分散到更多的企业利益相关者手中,而是进一步被聚集在资本方或者企业实际控制人的手中。同时,数字经济模式又通过职务发明制度和改造开源代码,压缩了发明者的权益,占有了大部分发明者创造的价值。对于数字时代网络平台资本的超额剩余价值,有学者称之为"数字剩余价值"。[35] 获取了超额"数字剩余价值"的平台巨头,成长的效率和速度远超传统工业时代的企业。

超额"数字剩余价值"制造了一个又一个亿万富翁,也制造了深不见底的数字财富鸿沟。有媒体指出:"如果按2018年美国平均年收入46 800美元计算,要完成10亿美元的财富积累,需要21 000多年。这是人类文明从穴居进化到今天所需要的时间。而如果按贝佐斯净资产1300亿美元估算,对于美国的普通工人来说,这相当于他们近280万年不吃不喝的工作收入,这比科学家认为智人在地球上存在的时间还长了10多倍。"[36]

联合国贸易和发展会议发布的《数字经济报告2019》认为,数字技术创造的巨大财富并没有惠及所有人,相反,数字技术加剧了国与国之间以及国家内部的贫富差距。换言之,数字技术和平台经济也是一种"破坏性创新",它成就了赢家,也制造了输家。一方面,新技术的应用导致大量中低技能的工作岗位流失,掏空了中产阶级;另一方面,面对平台巨头,劳动者即使暂时保住了自己的工作,其议价能力也会越来越弱。[37]

平台型巨头崛起之后,其影响力不断"破圈"。平台作为一种私人主体,却逐渐具备了公共基础设施的属性。任何生活在数字时代的人,都能感受到互联网平台的巨大力量。试想,当绝大多数人都接入一个或几个平台时,平台的重要性和基础性丝毫不亚于电力公司和自来水公司。[38] 马云曾说:"我们认为未来阿里巴巴提供的服务会是企业继水、电、土地以外的第四种不可缺失的商务基础设施资源。"[39]

平台日益成为掌握支配权力的社会组织,逐渐进化为"看起来像是国家"的现象级政治物种。[40] 近年来,平台甚至开始涉足主权国家的核心权力领域。2019年脸书公司发布的数字货币Libra甚至跨越了民族国家的主权边界,意图成为一种世界货币。平台也已经开始挑战和分享民族国家以政府为中心的治理体系。[41] 马克·扎克伯格曾说:"在很多方面,脸书更像一个政府,而不是一个传统的公司。我们有庞大的社区,相比其他科技公司,我们更像在实际制定政策。"[42] 而平台的海量微观交易行为,衍生出指数级的信息不对称,这大大增加了政府监管的制度成本。此外,现行的法律和监管模式大多是基于传统线性企业设计的,数字经济时代出现的许多情况甚至超出了政府的监管能力。

随着超级平台垄断的时间越来越长,它们越来越"躺平",疏于创新,却开始排挤新的潜在竞争对手。投资者也会倾向于避免投资和技术巨头有直接或间接竞争关系的公司，以至于形成一个"创新射杀区"（innovation kill zone）。[43] 正如哥伦比亚大学法学院教授吴修铭所言，垄断"在短期内，往往会从优秀迈向卓越；就长期而言，则将会从有害变为可怕"。[44]

事实上，平台经济的飞速崛起，除了自身的资本投入和劳动付出，离不开国家和社会创造的大量正外部性。在现代社会，基础科技研发是一项需要巨大投资的事业，有很长的滞后期，风险很大，商业、私营机构很多时候不愿意或者没有足够的资金和能力长期投入并承担风险，因此，政府在大规模基础科研方面发挥了主导作用，而商业、私营机构的创新经常是依托政府资助的基础创新的次级创新，互联网本身就是最好的例子。[45]

环顾世界各国，过去20多年的数字化浪潮中，真正实现迅速崛起的只有美国、中国等少数几个国家。我国的数字化创富浪潮离不开其拥有的其他大部分发展中国家不具备的正外部性。例如，阿里、京东、拼多多、字节跳动等平台巨头的成功，依托于中国巨量的网民人口、完备的交通与通信等基础设施，而这些都是国家创造的正外部性。截至2020年12月，我国网民规模为9.89亿，互联网普及率达70.4%，其中，农村网民规模为3.09亿，农村地区互联网普及率为55.9%。自2013年起，我国网络零售连续八年全球第一。网络支付使用率近九成，短视频用户规模增长超1亿。[46]

在基础设施方面，截至2019年底，全国铁路营业里程13.9万公里，其中高铁超过3.5万公里，位居世界第一；公路里程501.3万公里，其中高速公路15万公里，位居世界第一；生产性码头泊位2.3万个，其中万吨级及以上泊位数量2520个，内河航道通航里程12.7万公里，位居世界第一；民用航空颁证运输机场238个；全国油气长输管道总里程15.6万公里；邮路和快递服务网络总长度（单程）4085.9万公里，实现了乡乡设所、村村通邮。[47]正是由于国家和国营经济投入大量资源创造了可供平台巨头连接的海量用户和基础设施，平台巨头才能快速发展，成为造富机器。

随着网络规模的不断扩大，互联网平台对超额利润的垄断不断增强。一方面，平台依托数据汲取、资源调配和规则制定等能力，在数字社会的分工结构中日益占据优势地位。[48]平台借此压缩了支付给劳动者、平台内商家等的回报。另一方面，平台企业逃避了很多本应承担的责任，突出表现即平台企业的税负成本远低于传统企业。由于平台巨头只提供渠道和"连接"，而不直接提供商品和服务，这在很大程度上回避了过程税，比如营业税，只要缴纳少量结果税即可，比如利润税。即便是这部分利润税，还可以通过增加企业成本，比如提高内部控制人报酬收入、将企业家个人消费转嫁为企业支出，从而抵扣最终利润等方式来规避。[49]

换言之，在数字时代，新技术和新商业模式不但没有缓解，反而在相当程度上加剧了价值错配和贫富分化。

马克思在《1844年经济学哲学手稿》中提出"异化"[50]这一概念时，他恐怕想不到，170多年后，数字技术这种新的生产力不但没有解放劳动者，反而编织了一套更繁复的枷锁，将劳动者束缚得几乎喘不过气。

进入数字经济时代，全球十大互联网企业的榜单，常年被美国和中国的企业占据。然而，互联网平台经济高歌猛进的另一面，却是对普通劳动者越来越精细的控制。这一点在太平洋两岸都表现出明显的趋势。

平台控制劳动者、重塑劳动关系最典型的案例莫过于优步。优步自称是中立的平台，并不拥有出租车、餐厅等实体资产，只提供信息，撮合乘客与司机之间达成交易，是典型的"连接"，而非"拥有"。

美国学者亚历克斯·罗森布拉特用了5年时间，穿越了25个城市，乘车行程超过8000千米，采访、观察了500多名网约车和出租车司机后，写下了《优步：算法重新定义工作》，揭示了优步等平台巨头如何打着"共享、科技与技术中立"的旗号，在制度的缝隙中游走套利。

罗森布拉特认为，优步就像变色龙，在不同的发展阶段采取不同的策略。用户数量是平台的生命，优步商业模式的基础是海量的用户。为了吸引用户，优步在初期采取了两个招募策略。首先，优步告诉司机，他们不是缺乏稳定工作的"零工"，而是创业者，可以"做自己的老板"，向司机承诺自由、灵活、独立的工作机会。其次,优步用美国"千禧一代"的形象,将司机这种以前多由社会底层人员从事的职业,包装成一种时尚、光鲜亮丽的工作,将加入优步描绘成一道向任何一个司机都敞开的通往中产阶级生活的大门。[51]

当成千上万的司机受到吸引加入优步时,却发现实际情况与其宣传的美好图景存在天壤之别。一位司机甚至说,为优步工作是"现代奴隶制"。[52] 借助智能手机这个无时不在的传感器,优步对司机劳动过程的控制,甚至比传统雇主更为精细严格,一切都由平台和"算法老板"决定。

优步决定什么样的车型符合平台的规定,有时候它还会随心所欲地修改适配车型的清单。它可以按自己的意愿设置和变更费率;控制着派单系统;用补贴和奖励政策来区别和筛选司机;甚至保留了无理由终止或辞退一名司机的全部权力。优步根据自己的利益来协调和解决冲突,不论是乘客纠纷还是克扣司机报酬的投诉,都是由公司仲裁的。优步制定政策,处罚不符合优步行为标准的司机,刺激司机在特定时间和特定地点接单工作。[53]

司机们甚至无法决定自己接哪些订单,因为优步会故意隐藏乘客的上车地点、目的地、是否有酗酒吸毒犯罪前科等信息,防止司机因为觉得无利可图或者有危险拒绝接单。而且,优步会在不告知司机和乘客的情况下提高自己的抽成收入,克扣乘客付给司机的小费。当乘客在手机上支付费用后,优步会将乘客给的小费部分折算成服务费,这样司机的手机上就不会显示小费,而只显示服务费。优步还会监控司机的接单率和订单取消率。如果司机的接单率低而取消率高,他们就会面临被平台暂停服务甚至辞退的风险。如果他们试图反抗算法的指令,就会受到公司的处罚。[54]

在这种情况下,司机们很快发现,自己好像一个提线木偶,无时无刻都得接受算法的摆布,工作时间越来越长,收入却越来越少。2015年,优步在广告中声称,司机每小时可以挣15美元,联邦贸易委员会调查后发现只有30%的司机可以赚到这么多钱。[55] 司机似乎成了优步棋盘上的一颗数字化的棋子、算法机器上的一枚螺丝钉,疲于奔命、无法喘息。因此,大多数人发现优步并不是通往中产阶级生活的康庄大道之后会选择退出,这导致优步司机具有超高的流动性。

而当司机选择对抗优步时,才发现优步话术中隐藏的陷阱。优步将司机定义为"创业者""自己的老板",这意味着他们不是优步的员工。优步给司机安上了很多头衔,但就是不承认司机是自己的员工,不承认司机与自己之间存在雇佣劳动关系。有时候,司机是"独立合约人",有时候又变成了"消费者"或者"终端用户"。用优步律师的话说,"这些司机或交通运输服务的提供者与优步之间的商业关系是:优步公司授权他们使用优步软件,并从中收取授权使用费"[56]。这样一来,优步就不用对司机承担传统劳动法规定的各项义务。在美国,平台企业否认员工与自己存在雇佣劳动关系，可以削减某些方面的成本，如福利、加班费、病假补贴以及其他成本，节省大约30%的劳动力成本。[57] 难怪马克思写道："计件工资是与资本主义生产方式最相称的工资形式。"[58]

优步从来不承认自己是一家出租车公司，坚持宣称自己是一家科技公司，从而规避了传统出租车行业的法律规则，不必承担传统出租车企业对劳动者的责任。例如，优步声称，由于自己不是传统运输公司，就不应该受到《美国残疾人法案》的管辖，没有义务为残疾人乘客提供无障碍设施等服务，而传统运输业的竞争对手则必须提供这项服务。[59]

对于优步的司机来说，他们既是企业的用户，又是自己的"雇主"，他们本身与使用优步打车的乘客本质上都是优步的消费者。然而，优步司机却又承担了"服务提供者"的这一真正价值创造的角色，并承担双向责任。在此基础上，优步公司本身所进行的工作是在构建一个以其自身为核心的平台系统，在这个领域中，优步处于一种类似于"上帝"的位置，并使可能发生的风险转嫁至司机和乘客，保证了自己的绝对市场主导地位。

在罗森布拉特看来，优步的行为是一种监管套利。优步并不是孤例，优步的话术及其商业模式的逻辑已经远远超过优步公司本身，它是硅谷公司"科技例外论"的产物。在创新成为政治正确的当下，硅谷公司喜欢标榜科技和创新，主张传统的法律、行业规则和监管政策对它们并不适用，从而有组织、系统性地逃避监管。[60]

与优步司机相类似的遭遇，在中国也并不鲜见。人们曾经惊讶地发现外卖员"月入过万"，但华中师范大学社会学院郑广怀教授的团队调查认为，外卖员收入过万只不过是平台初创阶段的特殊存在。随着平台补贴的结束和越来越多骑手的加入，"月入过万"正在变成一个虚幻的梦想。郑广怀教授团队发布的研究报告显示，2019年，武汉市外卖骑手的月平均工资为5882元，低于武汉市城镇单位就业人员月平均工资6730元，[61] 只有7.49%的人表示当前收入能够满足日常支出，而有53.18%的受访者反映，目前的收入并不足够支付家庭开支。而外卖员每天的工作时间集中在8—12小时，以10小时占比最高。[62]

另一项北京地区的研究发现，大部分骑手的收入集中在5000元至8000元，真正能"月入过万"的不足10%，高收入只是绝对少数。而与高收入的绝对少数形成对比的是骑手普遍的超时工作，88.12%的受访骑手每天工作8小时以上，甚至有22.77%的受访骑手每天工作12小时以上。过长的劳动时间不仅损害着骑手的身体健康，也加剧了送餐过程中的危险性。[63]

所有外送平台都在追逐利益最大化的同时把风险转嫁给了最没有议价能力的骑手。平台关心的是"把每一个骑手的潜能和速度挖掘到最大限度"。至于骑手自身的福利、健康和安危，那不是平台关心的事。

外卖员这个行业的特殊之处在于，越是人们不想出门的时候，越是订单量大的时候，如大雨、台风、寒冷天气和新冠疫情袭来时。他们顶风冒雨穿梭在大街小巷，不顾自己的安危，将自己的劳动、青春奉献给了一个没有多少个人成长空间的行业。当他们心灰意冷，或者受伤病困扰而不得不退出时，他们的价值已经被榨取殆尽，可所有的附加成本却要由他们自己和社会来承担。收益留在了企业，成本扔给了社会。

在这个时代，平台巨头们可以轻松赚到几十亿上百亿利润，而为其成功辛苦付出的司机、外卖员们只能拿到微薄的收入，他们不仅要承受超长的工作时间，还缺乏必要的福利保障。互联网被用来打破或者绕过原来社会约定的劳动关系。巨头们甚至不再需要给劳动者提供基本的福利，劳动者保护措施和劳动法在高科技面前似乎就要让位了。企业家能让外卖员参加上市仪式，却不会给他们的福利增加毫厘。外卖小哥可以登上《时代》杂志封面，却不能拥有五险一金。

巨头们喜欢说，科技改变世界。如果简单通过形式上的外包就可以规避劳动关系中企业的责任，那同样的形式是否可以推广到所有的员工？每个企业对所有员工，不论工种，是否都可以如此？还是因为这些外卖员别无选择，只能承受？在生产线工作发生事故尚且算工伤，外卖员被算法逼出交通事故就要自己负责？在高科技企业家们仰望星空的同时，能否也留意一下身边的民生疾苦？在社会对"创新"极其宽容的时代，他们用什么回报这种宽容？

诚然，企业通过新的商业模式创造需求无可厚非。外卖行业提供了几百万的就业机会，促进了社会经济发展。但同样，这些外卖员们也集体创造了数千亿美元的公司价值，他们是否也能从这些价值中分一点锅汤？无约束的市场经济使个体劳动者在企业面前毫无谈判能力。在冷冰冰的算法面前，传统劳资关系的最后一点温情都被剥夺。在传统企业中，每个劳动者至少是企业中的一个成员，而在优步这样的企业中，劳动者变成了系统中的一个编号。他为企业服务，却从不和这家企业发生所提供服务外的任何关系。

企业产生的负外部性由社会承担，这本质上也反映了监管的缺失。如果每个外卖员违反交通规则都算在其服务的企业头上，并由此评定该企业的安全服务水平，如果每个外卖员的伤亡都计为工伤并享有职工工伤的福利和赔偿，外卖企业们的系统规则自然会调整到合理范围。资本逐利，当企业不用为其产生的负外部性买单时，企业自然不会考虑这些社会成本有多大。要改变企业系统的规则，我们也需要合理的外部监管。

面对平台巨头的挑战，传统国家组织在监管理念、监管策略和监管工具及支撑性资源等方面，还存在许多弱项短板。优步司机究竟是员工，还是独立合约人、消费者、终端用户？各国官方的政策并不一致。在澳大利亚，一名司机投诉自己被优步公司辞退是不公正的，而公平工作委员会裁定，这名司机的身份是独立合约人，因此不受相关劳动法规的保护。好消息是，越来越多国家的监管部门认定，优步司机应该算优步的员工。当地时间2021年2月19日，英国最高法院驳回优步公司的上诉，认定优步司机是优步公司的雇员，而不是承包商或自雇人员，有权享有最低工资、带薪休假等权利。[64]反观那些监管能力较弱的国家，甚至还授予技术公司强大的特权，典型案例就是印度尼西亚政府基本上将营业税收入外包给了技术巨头。这表明大型科技公司俨然具有某些类似本国一级地方政府的权力。[65]令人欣慰的是，外卖平台骑手的劳动权益保护受到中国政府监管的重视。2021年7月26日，市场监管总局、国家网信办、国家发展改革委、公安部、人力资源社会保障部、商务部、中华全国总工会七部门近日联合印发文件，要求平台建立合理的收入分配机制，不得将"最严算法"作为骑手考核要求，并明确平台和第三方为建立劳动关系的外卖骑手参加社会保险，要切实保障外卖骑手的权益。[66]

今天的中国，已经与美国并驾齐驱站到了数字经济的最前沿，前方已经没有现成的坦途。美国正在经历的由大数据经济与算法驱动的社会生活方式的变化，同样也冲击着中国。[67]技术并不是中立的。技术不管如何飞跃，本质上依然服务于资本。而对技术神话的盲目推崇时常让我们放松对幕后操作的警惕。我们应该看到，平台系统并非客观中立的"管理者"，"数字控制"的背后存在着资本操纵的身影。[68]

作为数字经济时代的领跑者之一，中国有责任探索如何规制互联网平台这种新型的经济现象，并找到缩小贫富差距的方法。这不仅关乎中国，也关乎世界。

注 释

1. Hurun Global Rich List 2021，https：//www.hurun.net/en-US/Info/Detail? num=LWAS8B997XUP，最后访问日期：2021年5月7日。

2. "2021年胡润全球富豪榜"排名前10名的富豪分别为：埃隆·马斯克（特斯拉）、杰夫·贝佐斯（亚马逊）、伯纳德·阿诺特（酩悦·轩尼诗-路易·威登）、比尔·盖茨（微软）、马克·扎克伯格（脸书）、伯沃伦·巴菲特（克希尔·哈撒韦）、钟睒睒（养生堂）、穆克什·安巴尼（印度，瑞来斯，化工，零售领域）、贝特朗·皮埃奇家族（爱马仕）、史蒂夫·鲍尔默（微软）。胡润研究院：《2021年胡润全球富豪榜》，2021年3月2日，https：//www.hurun.net/en-US/Info/Detail? num=LWAS8B997XUP，或者查询数据库，https：//www.hurun.net/en-US/Rank/HsRank-Details? num=IH8GTUI9http：//finance.sina.com.cn/zt_d/2021_hrqqfhb-ssb，最后访问日期：2021年4月28日。

3. 截至2021年1月1日，全球市值排名前10名的公司及其市值分别为：苹果（22 560亿美元）、沙特阿美公司（20 515亿美元）、微软（16 820亿美元）、亚马逊（16 340亿美元）、谷歌母公司字母表（11 850亿美元）、脸书（7780亿美元）、腾讯（6972.6亿美元）、特斯拉（6689亿美元）、阿里巴巴（6483.2亿美元）、伯克希尔·哈撒韦公司（巴菲特的公司，5436.80亿美元）。资料来源："World Top 1000 Companies List and World Ranks as on Jan 1st 2021 from Value.Today"，https：//www.value.to-day/，最后访问日期：2021年5月1日。

4. European Commission,"How do online platforms shape our lives and businesses?", 8 March 2021, https：//digital-strategy. ec. europa. eu/en/library/how-do-online-platforms-shape-our-lives-and-businesses-brochure,最后访问日期：2021 年 5 月 1 日。

5. 方军、程明霞、徐思彦：《平台时代》，机械工业出版社 2018 年版。

6. Yahoo,"Tesla", https：//finance. yahoo. com/quote/TSLA？p = TSLA,最后访问日期：2021 年 6 月 5 日。

7. 福布斯：《2021 福布斯全球富豪榜》，https：//www. forbeschina. com/lists/1757,最后访问日期：2021 年 6 月 5 日。

8. 《胡润首发全球富豪榜：宗庆后成内地唯一入选富豪》，载网易，2012 年 3 月 6 日，https：//www. 163. com/money/article/7RTUS01V00253G87. html,最后访问日期：2021 年 4 月 28 日。

9. 雅虎财经，https：//finance. yahoo. com/quote/PDD/history？period1 = 1588266795&period2 = 1619802795&interval = 1mo&filter = history&frequency = 1mo&includeAdjustedClose=true,最后访问日期：2021 年 5 月 1 日。

10. 胡润百富，https：//www. hurun. net/,最后访问日期：2021 年 4 月 11 日。

11. 《41 岁黄峥急流勇退，手握 4500 亿并非为养老，而是有更高追求》，载腾讯网，2021 年 4 月 17 日，https：//new. qq. com/omn/20210417/20210417A05UY800. html,最后访问日期：2021 年 4 月 20 日。

12. Zhou Xin, Coco Feng,"Value of TikTok maker ByteDance approaches US $ 400 billion for new investors, sources say", April 1, 2021, https：//www. scmp. com/tech/big-tech/article/3128002/value-tiktok-maker-bytedance-approaches-us400-billion-new-investors,最后访问日期：2021 年 4 月

20 日。

13. Marc Andreessen, "Why Software Is Eating The World", https：// www.wsj.com/articles/SB10001424053111903480904576512250915629460, 最后访问日期：2021 年 5 月 2 日。

14. ［美］亚历克斯·莫塞德、尼古拉斯·L. 约翰逊：《平台垄断：主导 21 世纪经济的力量》，杨菲译，机械工业出版社 2018 年版，第 2 页。

15. F. A. Hayek, The Use of Knowledge in Society, *The American Economic Review*, Vol. 35, No. 4 (September 1945), pp. 519-530.

16. F. A. Hayek, The Use of Knowledge in Society, *The American Economic Review*, Vol. 35, No. 4 (September 1945), pp. 519-530.

17. Ronald H. Coase, The Institutional Structure of Production, the Nobel Prize Lecture, December 9, 1991.

18. ［美］亚历克斯·莫塞德、尼古拉斯·L. 约翰逊：《平台垄断：主导 21 世纪经济的力量》，杨菲译，机械工业出版社 2018 年版，第 8—9 页。

19. ［美］亚历克斯·莫塞德、尼古拉斯·L. 约翰逊：《平台垄断：主导 21 世纪经济的力量》，杨菲译，机械工业出版社 2018 年版，第 51—52 页。

20. Oskar Lange, "The Computer and the Market", *Socialism, Capitalism and Economic Growth: Essays Presented to Maurice Dobb*, ed. C. F. Feinstein, Cambridge: Cambridge University Press, 1967, pp. 158-161.

21. ［美］亚历克斯·莫塞德、尼古拉斯·L. 约翰逊：《平台垄断：主导 21 世纪经济的力量》，杨菲译，机械工业出版社 2018 年版，第 53—54 页。

22. ［美］杰奥夫雷·G. 帕克、马歇尔·W. 范·埃尔斯泰恩、桑基特·保罗·邱达利:《平台革命:改变世界的商业模式》,志鹏译,机械工业出版社 2017 年版,第 11—12 页。

23. [加]尼克·斯尔尼塞克:《平台资本主义》,程水英译,广东人民出版社 2018 年版,第 79、84 页。

24. [美]亚历克斯·莫塞德、尼古拉斯·L. 约翰逊:《平台垄断:主导 21 世纪经济的力量》,杨菲译,机械工业出版社 2018 年版,第 61 页。

25. 刘晗:《平台权力的发生学——网络社会的再中心化机制》,载《文化纵横》2021 年第 1 期,第 38 页。

26. 闻中、陈剑:《网络效应与网络外部性:概念的探讨与分析》,《当代经济科学》2000 年第 6 期,第 13 页。

27. [美]亚历克斯·莫塞德、尼古拉斯·L. 约翰逊:《平台垄断:主导 21 世纪经济的力量》,杨菲译,机械工业出版社 2018 年版,第 183 页。

28. [美]亚历克斯·莫塞德、尼古拉斯·L. 约翰逊:《平台垄断:主导 21 世纪经济的力量》,杨菲译,机械工业出版社 2018 年版,第 183—184 页。

29. [美]杰奥夫雷·G. 帕克等著:《平台革命:改变世界的商业模式》,志鹏译,机械工业出版社 2017 年版,第 64 页。

30. [加]尼克·斯尔尼塞克:《平台资本主义》,程水英译,广东人民出版社 2018 年版,第 106 页。

31. 陈永伟:《什么是互联网平台垄断?》,载《文化纵横》2021 年第 1 期,第 57 页。

32. [加]尼克·斯尔尼塞克:《平台资本主义》,程水英译,广东人民出版社 2018 年版,第 101 页。

33. [美]亚历克斯·莫塞德、尼古拉斯·L. 约翰逊:《平台垄断:主导21世纪经济的力量》,杨菲译,机械工业出版社2018年版,第77—81页。

34. [加]尼克·斯尔尼塞克:《平台资本主义》,程水英译,广东人民出版社2018年版,第55页。

35. 何哲:《数字剩余价值:透视数字经济体系的核心视角及治理思路》,载《电子政务》2021年第3期。

36. Annalisa Merelli, "The average US worker would need 10 times the length of all human history to earn as much as Jeff Bezos", October 10, 2019, https://qz.com/1723454/this-is-how-long-an-average-us-worker-needs-to-become-a-billionaire/,最后访问日期:2021年3月19日。

37. UNCTAD, Digital Economy Report 2019, pp. 35, 37, 96, 123.

38. 刘晗:《平台权力的发生学——网络社会的再中心化机制》,载《文化纵横》2021年第1期,第32页。

39. 刘夏:《阿里要做苹果树 提供第四种"商业基础设施"》,载《新京报》2015年10月9日,第B05版。

40. 樊鹏、李妍:《驯服技术巨头:反垄断行动的国家逻辑》,载《文化纵横》2021年第1期,第23页。

41. 刘晗:《平台权力的发生学——网络社会的再中心化机制》,载《文化纵横》2021年第1期,第31页。

42. David Kirkpatrick, *The Facebook Effect: The Inside Story of the Company That Is Connecting the World*, New York: Simon & Schuster, 2010, p.254.

43. 樊鹏、李妍:《驯服技术巨头:反垄断行动的国家逻辑》,载《文化纵横》2021年第1期,第26页。

44. Tim Wu, "In the Grip of the New Monopolists", https://www.wsj.com/

articles/SB10001424052748704635704575604993311538482，最后访问日期：2021年5月9日。

45. ［英］罗思义：《一盘大棋？中国新命运解析》，江苏凤凰文艺出版社2016年版，第124—139页。

46. 中国互联网络信息中心：第47次《中国互联网络发展状况统计报告》，第17—19页。

47. 中华人民共和国国务院新闻办公室：《中国交通的可持续发展》，http：//www.scio.gov.cn/zfbps/32832/Document/1695297/1695297.htm，最后访问日期：2021年5月3日。

48. 《文化纵横》编辑部：《重塑平台的公共性》，载《文化纵横》2021年第1期，第6页。

49. 何哲：《数字剩余价值：透视数字经济体系的核心视角及治理思路》，载《电子政务》2021年第3期，第17—20页。

50. ［德］马克思：《1844年经济学哲学手稿》，中共中央马克思恩格斯列宁斯大林著作编译局编译，人民出版社2014年版。

51. ［美］亚历克斯·罗森布拉特：《优步：算法重新定义工作》，郭丹杰译，中信出版集团2019年版，第7、81页。

52. Uber Driver Says Driving Isn't Worth It，https：//nbcpalmsprings.com/2017/07/19/uber-driver-says-driving-isnt-worth-it/，最后访问日期：2020年5月9日。

53. ［美］亚历克斯·罗森布拉特：《优步：算法重新定义工作》，郭丹杰译，中信出版集团2019年版，第99页。

54. ［美］亚历克斯·罗森布拉特：《优步：算法重新定义工作》，郭丹杰译，中信出版集团2019年版，第78页。

55. ［美］亚历克斯·罗森布拉特：《优步：算法重新定义工作》，郭丹杰译，中信出版集团 2019 年版，第 59 页。

56. ［美］亚历克斯·罗森布拉特：《优步：算法重新定义工作》，郭丹杰译，中信出版集团 2019 年版，第 8 页。

57. ［加］尼克·斯尔尼塞克：《平台资本主义》，程水英译，广东人民出版社 2018 年版，第 84—85 页。

58. ［德］马克思：《资本论》（第一卷），中共中央马克思恩格斯列宁斯大林著作编译局译，人民出版社 2004 年版，第 640 页。

59. ［美］亚历克斯·罗森布拉特：《优步：算法重新定义工作》，郭丹杰译，中信出版集团 2019 年版，第 5—6 页。

60. ［美］亚历克斯·罗森布拉特：《优步：算法重新定义工作》，郭丹杰译，中信出版集团 2019 年版，第 110 页。

61. 武汉市统计局：《关于 2019 年劳动工资统计数据的公告》，http：//tjj.wuhan.gov.cn/xwzx/tzgg/202006/t20200619_1381885.shtml，最后访问日期：2021 年 5 月 9 日。

62. 华中师范大学社会学院郑广怀研究团队：《"平台工人"与"下载劳动"：武汉市快递员和送餐员的群体特征与劳动过程》，载中国集刊网，第 39 页。

63. 冯向楠、詹婧：《人工智能时代互联网平台劳动过程研究——以平台外卖骑手为例》，载《社会发展研究》2019 年第 3 期，第 66 页。

64. Mary-Ann Russon, "Uber drivers are workers not self-employed, Supreme Court rules", https：//www.bbc.com/news/business-56123668，最后访问日期：2021 年 5 月 9 日。

65. 樊鹏、李妍：《驯服技术巨头：反垄断行动的国家逻辑》，载《文化纵横》2021 年第 1 期，第 23 页。

66. http：//www.samr.gov.cn/xw/zj/202107/t20210726_333061.html#

最后访问时间:2021年7月27日。

67. 汪佩洁:《算法时代的劳动社会学——评 AlexRosenblat〈优步的世界:算法是如何改写工作规则的〉》,载《清华社会学评论》第十二辑,第178页。

68. 陈龙:《"数字控制"下的劳动秩序——外卖骑手的劳动控制研究》,载《社会学研究》2020年第6期,第134页。

第五章
市场神话的破灭

自由市场很大程度上是一个乌托邦，不受约束的自由市场，会造成严重的社会问题，并引发整个社会共同体的自我保护运动。随着全球化和数字技术的发展，"新镀金时代"的经济高速增长的同时，贫富差距也在技术和资本的叠加作用下急剧增大，并逐渐成为一种全球性的现象。也因此，在西方世界和中国，我们都观察到了另一种全球性的现象——针对自由市场的反向保护运动。

历史不会重复自己，但会押着相同的韵脚。当今天的学者、政治家反思财富鸿沟、贫富分化时，他们往往会说，当今时代的不平等程度已经超过了美国历史上 1870 年到 1900 年间那个经济突飞猛进、财富神话不断的"镀金时代"或法国大革命以前的旧制度时代。确实，财富鸿沟、贫富差距拉大并不是新鲜事物。人类社会在不同地区、不同时代都反复上演过"朱门酒肉臭，路有冻死骨"的悲剧。对财富鸿沟和不平等的反思，也早就开始了。

1944 年，著名经济史学家卡尔·波兰尼在他的代表作《大转型：我们时代的政治与经济起源》中指出：人类社会自古以来就存在市场，但不受干预、自我调节，甚至反过来要按照自身逻辑改造整个社会的市场经济，是一个历史上从来没有存在过，以后也不会存在的乌托邦。当自我调节的市场试图挣脱社会共同体的束缚，并按照自身逻辑改造整个社会的时候，会造成一系列严重的社会问题，并引发社会的反向自我保护运动。[1]

七十多年后，我们已经进入数字时代。然而，新技术的出现不但没有缩小，反而有进一步拉大贫富差距和财富鸿沟的趋势。数字时代被不少评论者称为"新镀金时代"。贫富分化也正成为这个时代的全球性现象。与此同时，我们在西方世界和中国，都观察到了另一种全球性现象——针对自由市场的反向保护运动。

波兰尼的警告

如本书第一章所述,曼德维尔、斯密、哈耶克等经济学家认为,个人追求自己私利的行为,在"看不见的手"的指引下,反而会推动公共利益。国家干预会妨碍市场机制发挥作用,应该排除对自由市场上进行交易的各种阻碍,允许个人在市场上追求自己的私利。

但波兰尼在回顾经济史、人类史后发现,近代资本主义出现以前,获利的经济动机在各个人类社会中从来不占主要地位。虽然从新石器时代以来,交换物品的市场相当常见,但这种市场只不过是社会生活的附带产物。

直到西欧封建主义终结之时,所有经济体系的组织原则要么是互惠,要么是再分配,要么是家计,或者三者之间的某种组合,逐利动机并不突出,人类经济浸没在其社会关系之中。习俗与法律、宗教与巫术都会限制逐利行为,使交换行为局限于特定的个人和货物,以及特定的时间和场合。人们的经济行为通常嵌入在包含着信任和信赖的长期关系之中,处于赠礼和回礼的互惠链条上,讲究礼尚往来。而且,互惠、再分配、家计等行为原则不仅适用于南太平洋群岛原住民等小规模的初民共同体,同样也适用于古代中国、印加帝国、印度诸王国、埃及、巴比伦等大的、富有的帝国。[2]

所谓自我调节的市场究竟是如何诞生的?波兰尼进一步

指出，市场乌托邦是近代资本主义的产物，意味着一切都可商品化、可交易，包括土地和劳动力等资本，进而变成供资本逐利的所谓生产要素。而这在近代资本主义出现以前都不是商品，不能自由流通、随便交易。从伦理社会转型到自我调节的市场经济，是整个社会结构的一场大变革，是一个原先镶嵌在社会中的市场逐渐脱离，并反过来按照自身逻辑改造整个社会的过程。

要将土地变成商品，就必须赶走原先生活在土地上的人；要将人变成"自由劳动力"，就必须摧毁他原先生存于其中的村庄、宗族、教区、部落等共同体、组织结构和人际关系网络。原因在于，这些共同体会庇护个人，在个人面临疾病、饥饿、债务等生存困难时救济他，使他免于饥饿和死亡。因此，必须摧毁这些共同体，才能将个人变成除了自己的双手一无所有的劳动力，使饥饿成为他出卖自己劳动力的驱动力。

与自由主义的主张相反，市场乌托邦的出现，不但不是自生自发的，反而恰恰是依靠国家强制力，拆解传统的伦理社会，将土地变成可交易的商品，将人从各种传统的社区和关系中解放出来，变成可供雇佣的劳动力的过程。换言之，所谓的自由市场，恰恰是国家干预的产物，"通往自由市场之路的打开和保持畅通，有赖于持续的、由中央组织调控的干预主义的巨大增长"。[3]

更有意思的是，借助国家强制力甚至武力，强行改造社会结构，将劳动力和土地商品化的过程，不仅出现在西方国家内部（典型例子是英国的圈地运动和美国的南北战争），也同样出现在西方列强对外殖民扩张的过程中。就像前资本主义时期的欧洲人一样，非欧洲的民族无一例外也都是部落伦理社会，不存在劳动力、工资、土地、地租、自发调节的市场等概念。当西方人高谈阔论的自由市场和贸易理论无法说服原住民自愿出卖自己的劳动力、土地和自然资源时，便诉诸武力强行改造原住民的社会结构，逼迫原住民进行"自由"贸易。

资本主义和市场乌托邦进入正轨以后，更是变本加厉地剥削本国工人和殖民地人民，造成了人性扭曲、环境污染、安全事故频发等问题。如果不理解资本主义在西方世界内部和外部扩张的历史，就很难理解马克思在《资本论》第一卷中的论断——"资本来到世间，从头到脚，每个毛孔都滴着血和肮脏的东西"。[4]

当市场在国家强制力的加持下脱离社会，朝所谓的"自由"狂奔时，就会引发一个反向运动，即社会的自我保护运动，它试图将市场重新纳入整个社会体系中，使市场回到其应有的位置上。市场乌托邦要求劳动力商品化，于是劳动力变成资本家的"人形耗材"，导致巨大的贫富差距，反向运动就要求节制资本，保护劳动者，缩小贫富差距；市场乌托邦要求取消对金融市场的监管，任由资本搞"金融创新"最后引发系统性风险，反向运动就要求加强金融监管，遏制金融投机；市场乌托邦为了追逐利润严重污染环境，反向运动就要求保护环境。

在波兰尼看来，这种反向保护运动汇聚了不同社会势力的共同努力，背后并不存在一个统一的意识形态的指导，而是相互之间缺乏联系的社会势力自发的无意识行为。他引用了赫伯特·斯宾塞1884年编制的一张应对现代工业引发的社会问题的立法表格，涉及的主题包括煤气安全、童工、疫苗、运输业最低工资、农田水利、矿井安全、食品安全，等等。这些立法主题非常分散，它们背后并不存在一个统一的反自由主义意识形态的协调和指导，但都旨在护卫某些公共利益，以抗拒市场化内含危险的侵害。用波兰尼的话说，自由是强制的，反向保护却是无意识的。[5]

新镀金时代

波兰尼生活的时代离我们渐行渐远。历史的钟摆又摆到了高度不平等的一端。托马斯·皮凯蒂发现，21世纪的今天依然重复着19世纪上演过的资本收益率超过产出与收入增长率的剧情。[6]

皮凯蒂在《21世纪资本论》中指出，资本主义的核心矛盾是资本收益率会长期显著高于经济和劳动收益的增长率。这意味着，资本持有者的投资收益长期高于劳动者的劳动收益。如果一个人的财富增加，那么其储蓄率一般会随之大幅提升，换言之，他只需要将资本收入的一小部分用于保持自己的生活水平，然后将大部分资本用于再投资，其资本收益就能轻松跑赢较慢的经济增长率和较低的工资增长率，使资本持有者与一般收入者之间的财富鸿沟越来越大。这种趋势在经济疲软或停滞时甚至更明显。[7]

更要命的是，资本收益率长期超过经济增长率，会导致"拼爹"现象的增加和阶层流动机会的减少。资本一旦形成，其收益率将高于产出的增长率，那么过去积累的财富自然要远比未来的收入所得重要得多。继承父辈的财富然后去投资赚取的资本收益，会让继承者从起跑线就大大领先于别人，而且优势会越来越大。继承财产的人只需要储蓄他们资本收入的一部分，就可以收获比整体经济增长更快的财富增长速度。在这种情况下，相对于那些劳动一生积累的财富，继承财富在财富总量中将不可避免地占绝对主导地位，并且资本集中程度将维持在很高的水平。

根据皮凯蒂的梳理，从18世纪一直到第一次世界大战前夕，资本收益率高于经济增长率的现象一直贯穿历史。20世纪中期的两次世界大战很大程度上将过去推倒重来，显著降低了资本收益，一度制造了资本主义的基本结构性矛盾已经被克服的假象。然而，自从20世纪70年代以来，收入不平等的状况在发达国家中显著增加，尤其是美国，其在21世纪头十年的收入集中度回到甚至略微超过了20世纪20年代的水平。[8] 最近几十年来全世界巨富阶层财富的爆炸式增长趋势，很像19世纪到第一次世界大战前欧洲国家经历的财富极为不平等的发展过程。在皮凯蒂看来，资本收益率高于经济增长率的根本性不平等，与任何形式的市场缺陷都无关。恰恰相反，资本市场越强大，资本收益率高于经济增长率的可能性就越大，[9]这是资本主义的基本结构性矛盾。

皮凯蒂的观点得到前美国劳工部部长罗伯特·赖克的支持。赖克认为，那种象征着美国梦和美国精神的白手起家型成功人士逐渐消失，如今美国的富豪中，巨额财产继承人的比例越来越高，"富闲族"正在崛起。未来，美国即将经历一波规模史无前例的代际财富转移，"富闲族"的比例只会越来越高。那些全职工作，甚至身兼数职的普通劳动者，将依旧生活在贫困中，沦为"穷忙族"。[10]

赖克总结出美国历史上反复出现的一种模式——先是重大技术创新推动经济大发展，创造出大量增量财富。但新增财富的分配并不均匀，资本所有者获得丰厚回报，进而运用经济权力获得政治影响力或政治权力，修改游戏规则，使规则有利于他们，从而进一步扩大自己的经济权力，导致经济和政治权力越来越集中。与此同时，大部分普通人从经济发展和财富增加中得到的好处却很少，他们的收入几乎停滞不前，技术进步和经济发展却无法带来普惠性的繁荣。

前述模式在美国历史上一共出现过三次，每次都催生了相应的改革。第一次是19世纪30年代第一次工业革命催生的杰克逊改革。第二次是19世纪末第二次工业革命催生的反垄断、累进制所得税制、竞选资金法等改革。第三次则是20世纪20年代末大萧条催生的新政。

赖克认为，20世纪70年代末出现了新一轮创新潮，催生了新经济，但财富却日益集中到少数几家巨型公司和个人手中，华尔街也东山再起。根据他的数据，从1913年到2013年，美国收入集中度的两个峰值分别出现在1928年和2007年，在这两年，前1%最富有的人拿走了超过23%的总收入。[11]巨大的贫富差距导致总需求不足，大部分普通人无力购买产品和服务，购买力不足又导致企业没有信心投资、拓展业务和雇人，从而减慢了经济增长。[12]

正如本书第四章所述，数字时代的造富速度远超以往，劳动收益愈加跑不过资本收益。数字技术加持的2.0版资本主义使贫富差距日益扩大，由此，东亚、北美、西欧三大高地内部，都积聚了要求节制资本、缩小贫富差距的巨大动能。

富人总是声称，一个人获得的报酬，无论多少，都是他本人市场价值决定的结果，是对他创造的市场价值的回馈。如果他的报酬不足以维持生计，那就认命吧。如果其他人赚到几十亿美元，那他们肯定值这么多。如果数百万人失业，或者收入缩水，或者身兼数职，但下个月甚至下周的收入仍没有着落，这固然很不幸，但这是"市场力量"的结果。富人们坚信，基于自己的能力、天赋和努力，他们可以更高效地利用资源，把资源配置到自己手里，可以做大蛋糕，再通过"涓滴效应"惠及全社会，从而有利于整个社会的福利。如果我们试图减少不平等，反而会扭曲市场，伤害市场效率，拉低经济增长率，导致经济蛋糕做不大，最终损害总体的社会福利。

问题是，前文提到的"富闲族"的优渥生活，究竟是因为个人的努力和能力，还是因为他们投胎到了一个富裕家庭，一出生就留给他们一大笔现成的财富呢？

赖克说得直接，"穷忙族"和"富闲族"的同时崛起表明，人们的收入水平不再与自身的努力程度相关。资本收益之所以总是轻松甩开劳动收益，是因为市场的收入分配本就预先向顶层人群倾斜。大公司首席执行官及华尔街顶级交易员和投资经理实际上掌握了决定自己收入的权力。他们在利用不对称信息获利的同时，推进扩大企业利润的市场规则。同时，普通劳动者却丧失了可以抗衡富人的经济权力和政治影响力，收入停滞不前。简言之，富人根据自身的利益操纵经济和政治游戏，普通劳动者却因此深陷困境。[13]

皮凯蒂也提出，大公司高级管理者的收入将其他人远远甩在了身后。一个可能的解释是，这些高级管理者的技能和生产率较其他工人有了突飞猛进的增长。另一个解释是，这些高级管理者拥有制定自己薪酬的权力。这种权力在某些情况下没有限制，在更多的情况下与他们的个人生产率没有任何明确的联系，而在大型组织里，个人生产率在任何情况下都难以被有效评估。在皮凯蒂看来，第二种解释更加合理，并且更符合实际情况。[14]

所谓"涓滴效应"并不可靠。赖克将美国的财富分配趋势称为"逆向转移"或曰"向上再分配",即由消费者、工人、小企业和小投资者流向企业和金融高管、华尔街交易商、投资组合经理以及资本资产所有人。不过这一"向上再分配"是隐形的。它的主要渠道隐匿于所有权、垄断、合同、破产和执行等市场规则之中,而颇具政治影响力的富人决定着这些市场规则。[15]

斯蒂格利茨的研究表明,这些年美国的社会现实恰好呈现了涓滴经济学的反面:聚集到上层群体的财富是以牺牲中下层群体为代价的。[16] 如果不加规制,与其说财富从上往下"涓滴",不如说富人会利用各种手段"虹吸"下层的财富,割下层的韭菜。所谓富人做大了蛋糕,惠及全社会,是一张从来没有兑现过的空头支票。2021年4月29日,美国总统拜登在国会发表演讲时直言:"涓滴经济学从来没有奏效,是时候自下向上、由内向外发展经济了。"[17]

人们通常以为,不平等只是在道义上站不住脚,但有助于提高效率。赖克却指出,贫富差距太大,中产阶级和穷人在总收入中所占比重不断下滑,会导致总需求不足,从而难以支撑经济发展。如果资本主义制度无法让大多数人享受经济成果,则它最终将停止产生经济成果,到时连顶层富人都无法继续受益。[18]

斯蒂格利茨也认为,高度不平等会伤害效率,导致一种效率和生产率都较低的经济。当不平等加剧时，经济增长速度也随之放缓，大多数美国人分到的那块蛋糕也缩小了。

首先，过度的不平等除了会降低有效需求以外，还会降低公共投资，从而伤害经济增长依赖的科技创新。现代社会已经进入大科学时代，科技创新，尤其是基础科技创新，早已不是过去那种一两个科学家在实验室就能完成的"个体户单干"模式，而是越来越需要投入巨大人力、财力和物力，是一项成本高昂的集体工程。由于科技创新需要巨大的投资规模和漫长的投资周期，很多时候，追逐利润的私营企业并不愿意承担投资失败的风险，因而缺乏投资的意愿或者能力。这就需要政府投资，提供科技创新这一至关重要的公共物品。换言之，政府投资的科技创新，实际上是私营企业汲水的那口井。

当一个社会贫富差距太大，富人和穷人越来越分裂时，富人就越不愿意在共同的需求方面花钱。富人们担心政府运用权力来调节社会中存在的不平衡，从富人那儿拿走一些财富用于那些会增进共同利益或者帮助底层群体的公共投资。富人阻碍公共投资的行为，虽然在短期内，貌似保住了眼前的财富，但从长期看，会削减科技创新方面的公共投入，会妨碍产业的迭代升级，导致经济蛋糕很难继续做大，最终会伤害所有人的利益。[19]

其次，过度的不平等会扭曲经济和政治体系。斯蒂格利茨认为，经济中大部分不平等是寻租造成的，而寻租又会进一步加剧不平等。寻租并不创造财富，只是转移财富。在寻租盛行的经济体系里，大量资源浪费在游说上，扭曲了资源配置，私人利益集团利用国家公器，牺牲公利，谋取私利，从而减少了国家对科技创新、生产力和公共福祉的投资，削弱了经济的长期增长。换言之，私人利益集团千方百计切走更大一块蛋糕的努力，会导致蛋糕整体变小。[20]

而且，过度的不平等会伤害劳动者的积极性和生产率。人毕竟不是没有感情、没有情绪的机器，人必须受到激励才会努力工作。如果人们感觉受到了不公平对待，他们努力工作的动机就会减弱。这是现代劳动经济学的核心原则之一，用效率工资理论的语言来说就是，企业如何对待员工，会影响劳动生产率。员工越快乐，生产率也就越高；而当员工认为企业支付给高级雇员的工资大大多于其他员工所得，那他就不太可能成为一个快乐的员工，也就不大可能高效地工作。[21]

因此，与人们通常的印象相反，高度的不平等，实际上既不道义，也不高效。适度的经济平等更有利于扩大有效需求，增加对科技创新和公共福祉的投资，激发劳动者的积极性和生产率，因而更有利于经济的长期增长。

21世纪的回声

历史的钟摆摆到一端顶点之时，意味着摆向另一端的时刻即将到来。巨大的贫富差距在全世界范围内引起了新一轮的反向保护运动。

一个显著的现象是，自2008年金融危机以来，民粹主义政党势力开始抬头，出现了意大利的五星运动、法国的国民联盟（2018年前为国民阵线）等党派；西方世界左右两翼都爆发了各种形式的平民运动，如美国占领华尔街运动、西班牙愤怒者运动和英国公投脱欧。传统政党内部也出现了一批反建制派的政治人物，比如美国共和党的特朗普、民主党的伯尼·桑德斯以及英国工党的杰里米·科尔宾。

按照传统的政治光谱，其实这些势力的政治立场差异很大，比如意大利的五星运动、法国的国民联盟、美国的特朗普，他们在很大程度上代表了排外的右翼民粹主义势力，而桑德斯、科尔宾则属于左翼民粹主义势力。但他们都有一个共同点，即认为本国社会分配严重不公，建制派政治机器已经被大资本绑架，无法实现更公平的分配秩序。

在2016年美国总统选举中，桑德斯曾公开打出"民主社会主义"的旗号，在选民尤其是年轻人中间，引起了巨大反响。事实上，在美国和西欧的语境中，社会主义通常与苏联绑定在一起，并不是一个褒义词。由于冷战时期长期攻击抹黑苏联的舆论氛围，在美国社会主义会让人联想起专制、极权等负面意象，以至于桑德斯不得不竭力强调，自己主张的是北欧式的"民主社会主义"，桑德斯的左翼主张吸引了大批选民，他本人也被《纽约时报》称为"炫酷的社会主义老爷爷"。[22] 并不是桑德斯让人们变左，而是美国社会巨大的贫富差距使左翼思想拥有了大量的群众基础。

桑德斯在竞选失败后，出版了《我们的革命》一书，系统地阐述了自己的政治思想和主张。他认为，今天美国的财富收入差距已经达到自 1920 年以来最严重的程度，比其他任何大国都大。财富收入不平等问题是这个时代严峻的道德问题、经济问题、政治问题。美国的民主被少数寡头绑架，沦为亿万富翁收买选民、主导大选的寡头政治，失去了矫正经济不平等的能力。[23]

为此，桑德斯为美国的经济体系和政治体系都开出了非常详细的改革方案。针对经济不平等问题，他给出的对策是改革税收体系，并提出了详细的税制改革方案。例如，改革公司税，防止公司向开曼群岛等避税天堂转移利润；改革个人所得税，取消对富人的税收减免政策，实行公平和累进的税制。

按照桑德斯的方案，97.9% 的美国人税率不会发生变动，方案只对最富有的 2.1% 的人采取累进方式逐渐提升税率。至于遗产税，桑德斯援引富兰克林·罗斯福的话说，遗产税一直是反对寡头社会的坚固堡垒。强化遗产税是减少财富不平等的最公正的方法之一，同时也能大大增加新的收入来重建中产阶级。他的另一个关键建议是，制订一个真正的"巴菲特规则"[24]，废除年收入 25 万美元以上人群享有的资本利得和股息红利的低税率。他还提出，应该废除将遗产和赠予的资本收益排除在应税收入之外的规定。因为这实际上是在帮富裕家庭保存资产传递给下一代，会加剧代际财富和经济不平等。[25]

2021年3月25日，桑德斯联合民主党参议员谢尔登·怀特豪斯提出《为了99.5%法案》。在法案开头，桑德斯写道："一个多世纪之前，共和党总统罗斯福为建立累进的遗产税制而奋战，旨在减少镀金时代以来的巨大财富集聚。……从道德、经济和政治角度看，如果少数人拥有大量财富，而大多数人却拥有很少的财富，我们的国家就不会繁荣。……减少财富不平等，维护我们的民主的最好方法是对超级富豪征收累进的遗产税。……我们需要创造一个为99.5%的人服务的经济体，而不是一个为富人和权贵服务的美国。"该法案旨在将遗产税率从40%提高至65%，将遗产税免税额从1170万美元降低至350万美元，将赠与税免税额降低至100万美元，并堵死了富人家族通过设立信托避税的漏洞。[26]

中国的改革开放至今才四十多年，在改革开放中发财致富的"富一代"们大多年富力强，尚未开始大规模的财富代际传承。但中国的先富群体已经快速学习并掌握了美国延续了上百年的传统豪门家族的财富代际传承手法。信托，就是美国富人规避税收、实现财富代际转移的重要手段之一。《为了99.5%法案》写道："沃顿家族拥有沃尔玛的大部分股份，几十年来一直操纵着信托规则，将财富传给下一代而无须支付遗产税或赠与税。"[27]

沃顿家族是利用赠与人保留年金信托规避遗产税的始作俑者。继沃顿家族在美国税收法庭胜出之后，赠与人保留年金信托的操作呈燎原之势。脸书创始人扎克伯格，共同创始人达斯汀·莫斯科维茨、CEO雪莉在脸书上市前分别设立了保留年金信托。据《福布斯》杂志估算，他们因此免税转移了数十亿的财产。[28] 耐克公司创始人菲利普·奈特、金沙集团创始人谢尔登·阿德尔森在内的数百位企业高管也都设立了保留年金信托。据估计，此举导致美国政府自2000年以来损失了大约1000亿美元的税收。[29]

现任总统拜登也在酝酿大规模加税法案。法案将富人的资本利得税税率从现在的20%提高近1倍至39.6%，以支付一系列社会性支出，从而解决长期存在的不平等问题。对于年收入达到或超过100万美元的人，新税率加上现有的投资收入附加税，这意味着富人投资者的联邦税率可能高达43.8%。[30] 知情人士称，拜登政府将保留现有3.8%的投资收入附加税，该税收被用来为奥巴马医保提供资金。[31]

"美国人这一辈子离不开的两样东西就是死亡与税收"，美国已经拥有全世界最强大的税收部门美国国税局（IRS）。即便如此，美国的富人仍然极力逃避税务监管，以至于针对这个"老大难"问题的法案层出不穷。而对于一个诞生了大量富豪且税收征管不如美国严格的新兴大国，如果放任自流，问题恐怕会更严重。

中国执政党也意识到解决贫富分化问题的紧迫性。"治国之道，富民为始"，中国共产党不断重申对共同富裕的承诺，并将共同富裕提升到"关系党的执政基础的重大政治问题"[32]的高度。

改革开放以来，中国的发展思路是"效率优先，兼顾公平"。进入新世纪，社会主要矛盾已从"人民日益增长的物质文化需要同落后的社会生产之间的矛盾"转化为"人民日益增长的美好生活需要和不平衡不充分的发展之间的矛盾"，共同富裕的呼声越来越强烈。[33]因此，中国共产党修改了过去"初次分配注重效率，再分配注重公平"的方针，提出"初次分配和再分配都要处理好效率和公平的关系，再分配更加注重公平"。[34]

在中国共产党第十八次全国代表大会上的报告首次正式提出全面建成小康社会。习近平总书记提出"2020年，我们将全面建成小康社会"的目标，并且"全面建成小康社会，一个也不能少；共同富裕路上，一个也不能掉队"，发起了大规模的精准扶贫活动。[35]经过多年努力，到2020年年底，现行标准下农村贫困人口全部脱贫，贫困县全部摘帽，消除了绝对贫困和区域性整体贫困，近1亿贫困人口实现脱贫。[36]

前述成就固然令人欣喜，但有学者研究表明，中国贫富差距的核心特征已经从改革开放初期的"穷人太穷"，转变为当今的"富人太富"。[37]因此，光扶贫还不够，还必须抑制富人财富的不合理过快增长。针对一些互联网巨头滥用市场支配地位等垄断行为、加杠杆放贷等金融套利行为，中国共产党提出"强化反垄断和防止资本无序扩张"。[38]

仿佛是对邓小平"先富带后富"的呼应，在2021年2月25日召开的全国脱贫攻坚总结表彰大会上，习近平说，要"始终坚定人民立场，强调消除贫困、改善民生、实现共同富裕是社会主义的本质要求，是我们党坚持全心全意为人民服务根本宗旨的重要体现，是党和政府的重大责任"。[39] 换言之，共同富裕，让广大人民群众都过上好日子，是执政党为人民谋幸福的责任和使命。

注 释

1. ［英］卡尔·波兰尼：《大转型：我们时代的政治与经济起源》，冯钢、刘阳译，当代世界出版社2020年版。

2. ［英］卡尔·波兰尼：《大转型：我们时代的政治与经济起源》，冯钢、刘阳译，当代世界出版社2020年版，第52—56页。

3. ［英］卡尔·波兰尼：《大转型：我们时代的政治与经济起源》，冯钢、刘阳译，当代世界出版社2020年版，第148页。

4. ［德］马克思：《资本论》（第一卷），载中共中央马克思恩格斯列宁斯大林著作编译局：《马克思恩格斯文集》（第五卷），人民出版社2009年版，第871页。

5. ［英］卡尔·波兰尼：《大转型：我们时代的政治与经济起源》，冯钢、刘阳译，当代世界出版社2020年版，第153—155页。

6. ［法］托马斯·皮凯蒂：《21世纪资本论》，巴曙松等译，中信出版社 2014 年版,第 2 页。

7. [法]托马斯·皮凯蒂:《21 世纪资本论》,巴曙松等译,中信出版社 2014 年版,第 26—28 页。

8. [法]托马斯·皮凯蒂:《21 世纪资本论》,巴曙松等译,中信出版社 2014 年版,第 16 页。

9. [法]托马斯·皮凯蒂:《21 世纪资本论》,巴曙松等译,中信出版社 2014 年版,第 28 页。

10. [美]罗伯特·赖克:《拯救资本主义:重建服务于多数人而非少数人的新经济》,曾鑫、熊跃根译,中信出版社 2017 年版,第 138—155 页。

11. 转引自 Emmanuel Saez, *Striking it Richer:The Evolution of Top Incomes in the United States*(Updated with 2015 preliminary estimates),UC Berkeley:Institute for Research on Labor and Employment,2016,https://eml.berkeley.edu/~saez/saez-UStopincomes-2015.pdf,最后访问日期:2021 年 5 月 1 日。

13. [美]罗伯特·赖克:《拯救资本主义:重建服务于多数人而非少数人的新经济》,曾鑫、熊跃根译,中信出版社 2017 年版,第 164—168 页。

13. [美]罗伯特·赖克:《拯救资本主义:重建服务于多数人而非少数人的新经济》,曾鑫、熊跃根译,中信出版社 2017 年版,"序言"第 6—7 页。

14. [法]托马斯·皮凯蒂:《21 世纪资本论》,巴曙松等译,中信出版社 2014 年版,第 26 页。

15. [美]罗伯特·赖克:《拯救资本主义:重建服务于多数人而非少数人的新经济》,曾鑫、熊跃根译,中信出版社 2017 年版,第 160 页。

16. [美]约瑟夫·斯蒂格利茨:《不平等的代价》,张子源译,机械工业出版社 2013 年版,第 7—8 页。

17. Biden: "Trickle down economics has never worked", https://edition.cnn.com/politics/live-news/biden-address-fact-check-updates-04-28-21/h_b99259226c5a2b76db1d83d415bd5ebe,最后访问日期:2021 年 5 月 1 日。

18. [美]罗伯特·赖克:《拯救资本主义:重建服务于多数人而非少数人的新经济》,曾鑫、熊跃根译,中信出版社 2017 年版,第 172—173 页。

19. [美]约瑟夫·斯蒂格利茨:《不平等的代价》,张子源译,机械工业出版社 2013 年版,第 84—85 页。

20. [美]约瑟夫·斯蒂格利茨:《不平等的代价》,张子源译,机械工业出版社 2013 年版,第 86—87 页。

21. [美]约瑟夫·斯蒂格利茨:《不平等的代价》,张子源译,机械工业出版社 2013 年版,第 92 页。

22. Emma Roller, Bernie Sanders, "Your Cool Socialist Grandpa", https://www.nytimes.com/2015/12/01/opinion/campaign-stops/bernie-sanders-your-cool-socialist-grandpa.html,最后访问日期:2021 年 5 月 1 日。

23. [美]伯尼·桑德斯:《我们的革命:西方的体制困境和美国的社会危机》,钟舒婷、周紫君译,江苏凤凰文艺出版社 2018 年版,第 83—84 页。

24. "巴菲特规则"指的是,百万富翁投资收入的税率,不应低于工资等普通收入者的税率。沃伦·巴菲特曾说自己缴纳的有效税率比他的秘书还低,原因是他大部分收入来自资本利得和股息红利,而向这些收入征收的税率比工资所得税要低得多。

25. [美] 伯尼·桑德斯：《我们的革命：西方的体制困境和美国的社会危机》，钟舒婷、周紫君译，江苏凤凰文艺出版社 2018 年版，第 180—192 页。

26. "For the 99.5 Percent Act", https：//www.sanders.senate.gov/wp-content/uploads/For-the-99.5-Act-Text.pdf, 最后访问日期：2021 年 8 月 4 日。

27. "For the 99.5 Percent Act", https：//www.sanders.senate.gov/wp-content/uploads/For-the-99.5-Act-Text.pdf, 最后访问日期：2021 年 8 月 4 日。

28. Deborah L. Jacobs, "How A Serial Entrepreneur Built A $95 Million Tax Free Roth IRA", https://www.forbes.com/sites/deborahljacobs/2012/03/20/how-facebook-billionaires-dodge-mega-millions-in-taxes/? sh=33b49a3858f3, 最后访问日期：2021 年 5 月 1 日。

29. Steven J. Arsenault, "Grantor Retained Annuity Trusts：After $100 Billion, It Is Time to Solve the Great Grat Caper", *Drake Law Review*, Vol.63, 2015, p.376.

30. 夏春：《美国股市能承担资本利得税率翻倍的冲击吗?》，载第一财经网，https：//www.yicai.com/news/101035169.html, 最后访问日期：2021 年 6 月 6 日。

31. 崔璞玉：《翻倍! 拜登拟对富人征收 43.4% 的资本利得税》，载界面新闻，https：//www.jiemian.com/article/5997939.html, 最后访问日期：2021 年 6 月 6 日。

32. 《习近平在省部级主要领导干部学习贯彻党的十九届五中全会精神专题研讨班开班式上发表重要讲话》，http：//www.xinhuanet.com/politics/leaders/2021-01/11/c_1126970918.htm, 最后访问日期：2021 年 5 月

1日。

33. 习近平：《决胜全面建成小康社会 夺取新时代中国特色社会主义伟大胜利——在中国共产党第十九次全国代表大会上的报告》，http://www.gov.cn/zhuanti/2017-10/27/content_5234876.htm，最后访问日期：2021年4月28日。

34. 《胡锦涛在中国共产党第十七次全国代表大会上的报告》，http://www.scio.gov.cn/37231/Document/1566887/1566887_7.htm，最后访问日期：2021年5月1日。

35. 《习近平总书记在十九届中共中央政治局常委同中外记者见面时的讲话》，http://www.xinhuanet.com//politics/19cpcnc/2017-10/25/c_129726443.htm，最后访问日期：2021年5月1日。

36. 《中共中央政治局常务委员会召开会议 听取脱贫攻坚总结评估汇报 中共中央总书记习近平主持会议》，http://www.xinhuanet.com/politics/leaders/2020-12/03/c_1126818856.htm，最后访问日期：2021年5月1日。

37. 陈彦斌、陈小亮：《理解贫富差距：基于财产不平等的视角》，科学出版社2017年版，第4—6页。

38. 《解读中央经济工作会议精神：防止资本无序扩张》，http://www.gov.cn/xinwen/2020-12/27/content_5573663.htm，最后访问日期：2021年4月28日。

39. 习近平：《在全国脱贫攻坚总结表彰大会上的讲话》，http://www.xinhuanet.com/politics/leaders/2021-02/25/c_1127140240.htm，最后访问日期：2021年4月28日。

第六章
迈向共同富裕

孔子曰:"不患寡而患不均。"事实证明,这不是局限于一时一地的"地方性知识",而是一种普遍的人类经验。当下,全世界都越来越重视分配公平和正义,各国政府开始注重构建一套缩小贫富差距的新制度。邓小平曾指出:"社会主义的根本任务是发展生产力,逐步摆脱贫穷,使国家富强起来,使人民生活得到改善。没有贫穷的社会主义。社会主义的特点不是穷,而是富,但这种富是人民共同富裕。"既要有发达的生产力,能够做大蛋糕,也要实现共同富裕,让全体人民共享发展的果实。

"免费的馈赠"

收入不平等已成为当今世界的"超级问题"之一。发达国家和发展中国家都出现了高收入群体收入占比急剧上升,中产阶级日益萎缩,贫富差距拉大的趋势。[1] 对中国来说,如何平衡发展与公平的关系,依然任重道远。

在第二章中,我们曾论述了当代中国的所有财富都离不开我们全民族的牺牲与奉献精神创造的三大正外部性。不仅先富群体创造财富要依赖国家和整个社会提供的种种基础条件,他们保有、传承自己的财富,同样要依靠国家权力这一全体人民的公器。新自由主义者有一个基本假设,即国家能力与个人权利之间是零和关系,如果国家能力太强,个人权利就会受到威胁;只有在弱政府下,个人权利才能得到保障。他们的逻辑结论是,为了保护公民权利,必须削弱国家能力,为此,新自由主义者喜欢区分积极权利和消极权利。积极权利的实现要靠政府,有成本;消极权利的实现不需要靠政府,没有成本。他们反对支持政府主动有为的积极权利,宣扬禁止政府干预市场的消极权利。

美国法学家斯蒂芬·霍尔姆斯和凯斯·桑斯坦的观点恰恰相反:没有一个强有力的政府,公民就不可能享有任何权利。从来就不存在所谓"消极权利",任何权利和自由都有赖于国家公权力的保护,都有公共成本,因而都属于积极权利。那些流行观点所说的消极权利,其实同样依赖国家的公共行为的保护,需要花费公共开支,是有成本的。假如没有国家和政府,哪怕是那些我们通常认为的消极权利,比如私有财产权、言论自由等,也都不会存在。

按照霍尔姆斯和桑斯坦的分析,被新自由主义者奉为神明的财产权实际上是最昂贵的权利之一。直接或间接与保护私有产权相关的开支包括:国防开支,治安开支,消防开支,专利、版权、商标保护开支,自然灾害的保险和救济开支,保存产权及其产权交易记录的开支,合同强制实施开支,监督股票和其他有价证券公平交易的开支等。这些开支加到一起得出的天文数字,一点也不比社会福利开支逊色,而这些开支都要由国家和政府来承担。事实上,整个法律和权利体系,都是现代国家创制的产物,没有国家,就不存在任何权利。[2]

美国历史学家加尔·阿尔佩罗维茨和卢·戴利认为:"如果我们现有的大多数东西都是历经多少代的积累而作为免费礼物送给我们的,那么就有一个深刻的问题:无论是现在还是未来,有多少东西能够被合理地称为是由任何一个人'赚得'的呢?"[3] 因此,任何一个商人的成功都不仅依赖于这种"继承的"技术,还依赖于整个共同体提供的"公共物品",比如制度设计、受过良好教育的劳动力以及完善的基础设施,他们的个人财富在很大程度上是整个共同体"免费的馈赠"。

更重要的是,在改革开放短短四十多年的时间里,中国普通人的生活水平得到极大的提高,同时又诞生了这么多富豪,这全都得益于先辈们抛头颅洒热血,不计代价牺牲奉献创造的三大正外部性,即建立新中国的正外部性、新中国成立后前三十年的正外部性以及改革开放的正外部性。我们要理解三大正外部性的可贵,就不能不考察中国所处的外部环境。

事实上,先发国家为了阻止后发国家工业化、从产业链下游向产业链中上游攀登,会动用大量非市场、超经济的手段——除了贸易壁垒以外,还有技术封锁、制裁、金融攻击,甚至策划政治动乱、颠覆政权、发动战争入侵。而很多后发国家,由于缺乏独立自主的能力,国家经济命脉被牢牢掌握在先发国家手里,国家发展的上限被先发国家牢牢封死。

典型的例子就是所谓"中等收入陷阱"。世界上有相当多的小康型国家,例如墨西哥、巴西、阿根廷、马来西亚、泰国,这些国家都曾出现过经济繁荣,但始终迈不进发达国家的门槛。按照一些标准,阿根廷、南非一度达到过发达国家的水平,然而后来倒退回去了。这种"升不上去"的现象被一些学者称为"中等收入陷阱"。

经济学家张夏准认为,区分富国与穷国的唯一标准就是制造业能力。自由市场宣称,每个国家应该根据自己的"比较优势",坚守自己最擅长的领域。这种强烈的固化现状的趋势意味着穷国应该安心待在产业链低端,继续从事那些技术含量低、利润率低的产业环节。因此,穷国要想成为富国,就必须"违抗市场",努力发展制造业,不断进行产业技术的迭代升级,向产业链中上游攀升。这是唯一的出路,别无他途。[4] 从这个角度看,中等收入陷阱的本质,是后发国家产业遭到先发国家打压,加上后发国家自身的一些错误,导致产业技术的迭代升级被打断,长期停留在产业链低端,无法升级,从而失去经济发展和财富增长的动力,停滞不前。

拉丁美洲就是典型的例子。乌拉圭作家、记者爱德华多·加莱亚诺有一个经典的比喻,拉丁美洲就像"被切开的血管"。[5] 加莱亚诺认为,所谓的国际分工,就是一些国家专门营利,而另一些国家专门遭受损失。拉丁美洲自然就属于那些专门遭受损失的国家。拉丁美洲在国际产业分工中,只是富国的附庸,为富国提供石油、矿石、农产品等原材料。富国在消费这些原料的过程中赚取的利润,远远超过拉丁美洲国家在生产这些原料过程中所赚取的利润。

在加莱亚诺看来,自从欧洲人发现美洲大陆以来,拉丁美洲的一切资源,甚至包括原住民本身,先是被转化为欧洲资本,然后又被转化为美国资本,投入到遥远的殖民宗主国产业发展的资本原始积累过程中,大西洋上开往欧洲大陆的船只装载的每一种货物,都预示了未来拉丁美洲国家的命运。帝国主义体系的力量以"局部必须不平等"为基础,且这种不平等正在达到越来越惊人的程度。滋润着帝国主义权力中心的雨水,却淹没了该体系广阔的外围。加莱亚诺感叹,我们的失败总是意味着他人的胜利,我们的财富滋养着帝国和当地首领的繁荣,却总是给我们带来贫困。

拉丁美洲诸国,由于国家发展上限被先发国家封死,无法向技术含量高、利润率高的产业链中上游爬升,只能停留在利润率很低的产业链低端。作为欧美先发国家的附庸,其财富增长的空间十分有限。在拉美诸国,只有那些服务于欧美跨国公司的产业和城市,才能从国际产业分工中分到一定的收益,诞生一批富豪,绝大多数普通民众则只能在贫穷的泥潭中挣扎。[6]

明晰了国际体系中先发国家对后发国家的压制,才能体会到中国今天成就的来之不易。在20世纪的国际体系中,中国是一个长期被先发列强压制的后发弱国。正是因为先辈们的"奉献红利",中国才可以独立自主、不受限制地发展全产业链,才能创造出如此多的财富,造就如此多的富豪。

市场游戏的代价

我十多岁的时候,经常听到父母焦虑地讨论一件大事:能否涨工资。我记得当年工资涨一级是12元,半级是6元。放到2021年,这点钱连零花钱都算不上,但在当时,即使涨半级工资也能显著改善家里的生活,值得一家人开心很久。在那个年代，虽然大家的生活普遍比较拮据，却相对平等，神州大地，基本家家如此，倒也没那么多攀比和焦虑。

沧海桑田，一晃三十年过去了。中国的经济总量从世界第10名跃居第2名，进入近代以来最繁荣的时期。普通人过上了过去难以想象的富足生活。我自己也是改革开放的受益者。大学毕业后，我去美国留学。2001年，我学成归国，又投入到祖国的经济热潮中。从创业到投资，在中国经济起飞的十几年里，我目睹了很多身边的造富传奇。

中国用四十多年的时间完成了西方社会一百多年的工业化进程。举世瞩目的经济奇迹也带来了翻天覆地的社会变化。市场经济创造出令人惊叹的社会财富。在巨大的社会财富下，贫富差距的扩大也成为社会日益重视的问题。在市场经济仍是社会财富主要创造方式的今天，我们如何理解不同人在财富地位上的巨大差异？如何理解有些人举手之劳就能达到的"小目标"，却是大多数家庭几代人都不可触及的梦想？

在本书中，我们讨论更多的是财富在伦理上的合理性判断。法律已经有针对财产的合法性和税负的各种条文，然而法律终究是社会伦理的反映，伦理上的合理性判断也必将影响法律的制定和演变。

在经济学领域，最大的伦理争论聚焦于公平和效率这两个原则，对一个社会而言，哪个原则更为重要和具有本质性意义？社会如何在这两个原则中取舍和平衡？

西方出于个人主义至上的社会传统，普遍偏好不受政府干预的市场，将效率当作第一性的法则。即使提及平等，对他们而言也只是机会平等，而不关注任何结果的平等。他们迷信于亚当·斯密笔下的"看不见的手"：每个人在追求私利的过程中促进了社会资源的最优分配和社会的整体利益。

但一些西方学者也在反思自由主义市场经济所带来的社会问题。凯恩斯主义的代表人物保罗·萨缪尔森在其著作《经济学》中指出："自由主义的竞争会带来严重的不平等，营养不良的孩子长大成人之后又养育出更多的营养不良的孩子，收入和财富的不平等代代相传。……富人越来越富，穷人越来越穷。……在最有效地提供种类不断丰富的产品和服务方面，市场能够发挥强大的作用，然而并不存在一只看不见的手来保证自由主义经济能够公平地分配收入和财产。"[7]

如何系统地看待市场经济和社会的关系？市场经济需要一个开始的起点和赖以发展的外部条件。用波兰尼的话说，市场经济"嵌入"在社会结构中。之前"奉献红利"的概念已经说明，中国今天所有的财富都离不开无法被定价的近一百年的"奉献红利"。

奉献红利清晰地说明了市场经济是如何受益于社会和政治所产生的正外部性。历经百年，几代人的集体奉献和牺牲才成就了今天中国的经济奇迹。

市场经济理论的另一个误区是把价格作为价值的唯一衡量标准，即价格等同于价值。一件物品的交易价格等于这件物品的价值，推而广之，一个劳动者的工资也等于劳动者所创造出的社会价值。如果认同这一点，一个轻易达到小目标的富豪所创造的社会价值自然应是一个普通打工人的成百上千倍。

但在市场经济中，很多价值恰恰是完全无法被合理衡量的。在最好的情况下，市场经济中的价格也只是反映了价值中可交换和可货币化的部分。真正的价值应被社会定义，包含了社会所珍惜和维护的伦理原则，如道德、责任和理想。

市场主体的核心参与者最关注的往往是利益分配，而市场经济外围的社会角色关注的往往是价值创造。当一个公司招募新的 CEO 或高管时，他最关心的往往是他能有多少股份或期权。想象一下，假如一个市委书记和政府部门谈判，当地经济增长部分中有多少比例可以归他自己？假如一个救死扶伤的医生和病人谈判病人生命的货币价值，或者一个诲人不倦的教师和学生家长谈判孩子前途的货币价值？这个社会将会变成什么样？真正的价值往往受道德约束，无法被简单货币化，而社会道德也不允许这些价值被完全货币化。

在一个健康的社会，经济上的满足应当只是手段，而不是目的。人的最终追求必然是精神上的。德国哲学家黑格尔曾经把历史进程总结为"追求承认的斗争"。两千多年前的项羽就说过"富贵不归故乡，如衣绣夜行，谁知之者！"。项羽追求的是父老乡亲的承认。中国士大夫的标准要比这个高很多。孟子有"富贵不能淫，贫贱不能移，威武不能屈"，范仲淹则说"先天下之忧而忧,后天下之乐而乐"。他们追求的是修身进德、一心为公。这种精神在国家勋章和国家荣誉称号获得者身上体现得淋漓尽致。这些老人们为共和国付出了一生,却非富非贵。我的母校校友,毕业于上海交通大学的黄旭华院士在颁奖仪式上说:"誓干惊天动地事,甘做隐姓埋名人。"

由于没有正确考虑社会和环境成本,市场往往会过度供应可能对环境或社会产生重大负面影响的产品,例如廉价的快速消费品和复杂的金融产品。同样,给具有高社会价值的工作支付较低的薪酬,导致我们最重要的公共服务(如教育和护理等工作)岗位空缺率高。

当然,社会和环境成本的估算并不简单,但西方已有学者在进行这方面的研究。英国新经济基金会(New Economics Foundation)在一项研究中指出,通过计算不同工作的社会投资回报,他们推算银行家每产生1英镑的经济价值,反而会造成7英镑的社会价值的损失。相比较,每支付1英镑工资,托儿工作者就会创造7至9.5英镑的社会价值,医院清洁工可以产出超过10英镑的社会价值,废品回收员则可以产生12英镑的社会价值。[8]

美国也有类似的研究,2017年宾夕法尼亚大学教授本杰明·洛克伍德,西北大学教授查尔斯·内森逊和耶鲁大学教授葛伦·韦尔在其文章中计算了不同职业所能产生的社会成本或效益,对社会最有价值的职业是研究人员,每支付1美元工资，他们可以创造5美元的社会效益；教师可以创造2美元的社会效益。然而，金融、法律和管理人员对社会产生的效益为负，也就是说他们的工作不仅不能增加社会效益，反而徒增社会成本。学者们进一步指出，当社会无法按真正的价值分配社会财富，经济增长就会停滞。[9]

这些分析表明，为社会创造最大价值的群体和从市场经济中获得最大利益的群体并不直接相关，有时候还恰恰相反。2008年造成世界金融危机的银行家们没有为社会创造什么价值，反而摧毁了巨大的财富，但他们个人却从市场中获利丰厚。

没有比如今新冠疫情更好的例子能说明这点了，成功治理疫情无疑是在激烈的中美竞争中对中国的巨大利好。治理疫情最大的功臣又是哪些人？是我们的政治决策者和我们千千万万最可爱可敬的医护人员、解放军战士、社区防疫人员、快递小哥、环卫工人和志愿者。是他们让我们免受欧美正在经历的社会灾难。

某种程度上，市场经济是基于社会这个广阔主体上的一个财富游戏。这个游戏以可货币化的交易作为基本单元，通过无数次交易迭代达到财富的积累和转移。而经济的金融化更让市场的参与者通过数学公式产生出更多可交易的虚拟结构，比如股权、债券、期权等，并从中获得丰厚的利益。经济的金融化使财富创造不再需要和实业有密切的关系。

疫情恢复后，经济复苏、股市大涨，龙头股、科技股成为最大受益者。2020年中国大陆新增240个十亿美元级富豪。据2020福布斯中国400富豪榜报告，上榜的400位富豪的总财富从一年前的1.29万亿美元飙升至2.11万亿美元，增长了8200亿美元。[10] 资本市场的利好显然受益于中国对疫情的控制。虽然疫情期间很多企业家积极募捐支持国家抗疫，但面对社会无形中给予的巨额"馈赠"，企业家也应当考虑如何进一步回馈社会。

不可撤销的契约

和西方社会不同，我国是一个以生产资料公有制为基础的社会主义国家，这一社会制度的性质决定了当前我国社会的公平原则应该是：权利公平、机会公平、规则公平、分配公平。[11]

分配公平是社会主义社会公平的目标和核心。所谓分配公平不是搞平均主义，而是一种利益相对平衡的状态。分配公平应当包括两个层次的内容：一是利益的初次分配以按劳分配为主要形式，其他分配同时并存。二是社会利益的再分配，要以防止贫富悬殊和社会两极分化为目的，把人们之间的收入差距控制在社会普遍接受的合理范围之内。[12]

中华民族的平等精神由来已久。中国古代社会的基本制度孕育于春秋战国，形成于秦汉，完成于隋唐。中华民族的平等精神正是在这个历史进程中形成的。中国是最早去贵族化的国家。中国血缘贵族的瓦解、析产继承权的形成、科层化的官僚制度等，比西方国家早了一千多年。自秦汉之后的两千多年来，中国一直是个平民化的社会，即社会大众在法律上生而平等，社会上不再有凭借出身和血缘形成的贵族等级。[13]

近代中国的思想家康有为、谭嗣同、严复、孙中山等人都从不同角度提出了平等的思想。康有为借用卢梭的天赋人权学说，将儒家经典《礼记·礼运》中的"天下为公"阐释为："天下为公，一切皆本公理而已。公者，人从如一之谓，无贵贱之分，无贫富之等，无人种之殊，无男女之齐……"[14] 他又指出："天之生物，人为最贵，有物有则，天赋定理，人人得之，人人皆可平等自立"，"人人独立，人人平等，人人自主，人人不相侵犯，人人交相亲爱，此为人类之公理，而进化之至平者乎"。[15] 谭嗣同借鉴了佛教、基督教和儒家的平等思想，提出了"平等者，致一之谓也，一则通矣，通则仁矣"。[16] 严复主张人人平等，强调"上下之势不相悬隔，君不甚尊。民不甚贱"。[17] 在资产阶级革命家孙中山提出的三民主义中，平等思想也占有十分重要的地位。"民族主义是对外人争平等的，不许外国人欺负中国人；民主主义是对本国人争平等的，不许有军阀官僚的特别阶级，要求全国男女的政治地位一律平等；民生主义是对于贫富争平等的，不许全国男女有大富人和大穷人的分别。要人人能够做事，人人都有饭吃。"[18]

关注黎民疾苦,扎根民间泥土。中国共产党从诞生之日起,就义无反顾地肩负起救国救民、实现民族复兴和人民幸福的历史使命。为绝大多数人谋福利、为全人类谋幸福、为每个劳动者能够自由发展并结成自由人联合体而不懈奋斗,这是马克思、恩格斯为共产主义者同盟确定的初心。这份初心的内涵清晰地写在《共产党宣言》中,也成为马克思主义者的信仰。

1936年10月,毛泽东与美国记者埃德加·斯诺谈到自己1920年春天在北京期间"热切地搜寻当时所能找到的极少数共产主义文献的中文本"时,明确说过:"有三本书特别深刻地铭记在我的心中,使我树立起对马克思主义的信仰。""我接受马克思主义,认为它是对历史的正确解释,以后,就一直没有动摇过。"[19]他说的这三本书,就是《共产党宣言》、《阶级斗争》和《社会主义史》。

彭德怀谈到《共产党宣言》对他的影响时说:"以前我只是对社会不满,看不到有什么进行根本改革的希望。在读了《共产党宣言》以后,我不再悲观,开始怀着社会是可以改造的新信念而工作。"[20]

斯诺这样形容中国革命家的特有品质:"有某种东西使得个人的痛苦或胜利成了大家集体的负担或喜悦,有某种力量消除了个人的差别,使他们真正忘记了自己的存在,但是却又发现存在于他们与别人共自由同患难之中。"[21]

新中国的建政基础,在于凝聚了国家各层面的共识,让人民和各政党、各阶层拥有了共同的主张。为人民谋幸福、为民族谋复兴，成为以毛泽东为核心的建国领袖们一生的追求。新中国的开国元勋们所建立的社会主义基本政治制度、基本经济制度及与之相适应的意识形态，构成了我国社会主义社会的基本制度体系。

实现公平是中国特色社会主义的本质要求，提升效率则是中国特色社会主义制度优越性的充分体现。中华人民共和国成立70多年来，中国共产党对公平与效率关系的探索与实践贯穿于社会主义建设过程的始终。

习近平在中国共产党第十九次全国代表大会上的报告中提到，新时代我国社会主要矛盾已经转化为人民日益增长的美好生活需要和不平衡不充分的发展之间的矛盾。不同于资本主义发达国家，中国是一个社会主义国家。社会主义与资本主义的分水岭并不是发达的经济和充裕的物质财富，而是对共同富裕的追求和承诺。

"共同富裕"这一概念最早出现在中国共产党1953年的文件中。1953年12月16日，中共中央通过了《关于发展农业生产合作社的决议》。其中有这样的表述："党在农村中工作的最根本的任务，就是要善于用明白易懂而为农民所能够接受的道理和办法去教育和促进农民群众逐步联合组织起来，逐步实行农业的社会主义改造，使农业能够由落后的小规模生产的个体经济变为先进的大规模生产的合作经济，以便逐步克服工业和农业这两个经济部门发展不相适应的矛盾，并使农民能够逐步完全摆脱贫困的状况而取得共同富裕和普遍繁荣的生活。"[22]

1955年10月29日下午，毛泽东在中南海怀仁堂召开第二次关于工商业改造问题的座谈会时指出："现在我们实行这么一种制度，这么一种计划，是可以一年一年走向更富更强的，一年一年可以看到更富更强些。而这个富，是共同的富，这个强，是共同的强，大家都有份。"[23] 这不仅再次强调了共同富裕的目标，更进一步提出了共同强大的目标。

如何认识并实现共同富裕，是中国共产党人与生俱来并孜孜以求的崇高理想。在毛泽东看来，富裕和社会主义就是一回事，实现共同富裕和实现社会主义就是为了同一个目标奋斗。

改革开放之初，邓小平就强调，"社会主义的根本任务是发展生产力，逐步摆脱贫穷，使国家富强起来，使人民生活得到改善。没有贫穷的社会主义。社会主义的特点不是穷，而是富，但这种富是人民共同富裕"。[24]

如何在很低的起点上发展经济？这位改革开放总设计师的思路是："我们提倡一部分地区先富裕起来，是为了激励和带动其他地区也富裕起来，并且使先富裕起来的地区帮助落后的地区更好地发展。提倡人民中有一部分人先富裕起来，也是同样的道理。"[25] 1986年3月，邓小平在会见新西兰总理朗伊时说："我们的政策是让一部分人、一部分地区先富起来，以带动和帮助落后的地区，先进地区帮助落后地区是一个义务。"[26] 这就产生了"先富"和"后富"的关系问题。按照邓小平的设想,"先富带后富"并不是先富对后富的施舍或者慈善,而是一种不可推卸的义务。

邓小平在谈到改革开放时说过,"让一部分人、一部分地区先富起来,大原则是共同富裕。"[27] 这里"让"的隐含主语是治理中国的政治力量——中国共产党。为了突破经济发展的瓶颈,中国共产党代表全民共同体,给了一部分人和地区各种制度优势,赋予了这部分人和地区先富起来的机会。但是改革开放的终极目标是共同富裕。邓小平还说:"一部分地区发展快一点,带动大部分地区,这是加速发展、达到共同富裕的捷径。"[28] 这也是全民共同体对先富人群的期望。

那么如何实现共同富裕?如何辩证地看待发展生产力与实现共同富裕之间的关系?1992年初,邓小平在南方重要谈话中,在进一步完善关于社会主义本质的论断时给出了答案:"社会主义的本质,是解放生产力,发展生产力,消灭剥削,消除两极分化,最终达到共同富裕。"[29]

也就是说,社会生产力的解放与发展,是实现共同富裕必要的基础条件。但是在发展的过程中,会因为发展的不平衡、不充分引起贫富的分化,在这样的条件下,重视公平,消灭剥削、消除两极分化,就成了实现共同富裕的重要前提。

习近平在阐述新发展理念时指出:"实现共同富裕不仅

是经济问题，而且是关系党的执政基础的重大政治问题。我们决不能允许贫富差距越来越大、穷者愈穷富者愈富，决不能在富的人和穷的人之间出现一道不可逾越的鸿沟。"[30]

中国特色社会主义，是一个基于中国国情的结合体。它包含着用市场经济来激发个体的能动性，推动经济建设；用社会主义制度来推进共同富裕，最终实现社会公正。

我们的共和国建立于一个共同契约，即共同富裕的契约。每一个中国人，只要生于这个国家，就和这个国家的历史、文明和同胞有了一个不可撤销的契约。这是一个以数千万人生命为代价写成的契约，这是一个民族复兴的契约，一个人民共同富裕的契约。而这个契约又在新中国成立后的 30 年和改革开放的 40 年，以及全面建设社会主义现代化强国的时代，通过人民的共同奋斗和奉献得到深化并升华。

作为历史上第一个完整受益于几代人奉献红利的群体，今天中国的先富人群通过市场经济的机制，完成了财富的积累。捍卫这个共同契约，就是中国先富人群的财富责任。

注　释

1. 刘元春：《全球收入不平等的 7 大典型事实与 5 大新问题及其对我们的启示》，刘元春在中国宏观经济论坛（CMF）（2021 年第一季度）上的发言，https：//mp. weixin. qq. com/s/V8-_ 9wTbOCQuUBfsywzJaw，最后访问日期：2021 年 6 月 6 日。

2. ［美］史蒂芬·霍尔姆斯、凯斯·R. 桑斯坦：《权利的成本：为什么自由依赖于税》,毕竞悦译,北京大学出版社 2004 年版。

3. Gar Alperovitz and Lew Daly, *Unjust Deserts: How The Rich Are Taking Our Common Inheritance And Why We Should Take it Back*, New York: New Press, 2009, p. 97.

4. [英]张夏准:《富国的伪善:自由贸易的迷思与资本主义秘史》,严荣译,社会科学文献出版社 2009 年版,第 204—209 页。

5. [乌拉圭]爱德华多·加莱亚诺:《拉丁美洲被切开的血管》,王玫等译,人民文学出版社 2001 年版。

6. [乌拉圭]爱德华多·加莱亚诺:《拉丁美洲被切开的血管》,王玫等译,人民文学出版社 2001 年版。

7. [美]保罗·萨缪尔森、威廉·诺德豪斯:《经济学》(第 19 版),萧琛主译,商务印书馆 2014 年版,第 209 页。

8. New Economics Foundation, "A bit rich: Calculating the real value to society of different professions", 2009 年 12 月, https://neweconomics.org/2009/12/a-bit-rich, 最后访问日期: 2021 年 6 月 6 日。

9. Benjamin B. Lockwood, Charles G. Nathanson, E. Glen Weyl, "Taxation and the Allocation of Talent", *Journal of Political Economy*, 2017, vol. 125, no. 5.

10. 2020 福布斯中国 400 富豪榜, 2020 年 4 月 6 日, https://www.forbeschina.com/lists/1750。

11. 张远新:《马克思主义社会公平理论与当代中国社会的公平问题》,载《云南社会科学》2010 年第 6 期,第 21 页。

12. 张远新:《马克思主义社会公平理论与当代中国社会的公平问题》,载《云南社会科学》2010 年第 6 期,第 21 页。

13. 寒竹:《中国道路的历史基因》,上海人民出版社 2020 年版,第

68—83页。

14. 康有为:《礼运注》,第4页。

15. 康有为:《孟子微》(卷I),中华书局1987年版,第23页。

16. 谭嗣同:《谭嗣同全集》(下册),中华书局1981年版,第291—293页。

17. 中国史学会主编:《戊戌变法》(第3册),上海人民出版社1957版,第48页。

18. 孙中山:《孙中山选集》,人民出版社1981年版,第903页。

19. 出自《毛泽东同斯诺的四次谈话》一文,见《毛泽东自述》(第四卷),人民出版社1996年版,第45页。

20. [美]埃德加·斯诺:《西行漫记》,生活·读书·新知三联书店1979年版,第245页。

21. [美]埃德加·斯诺:《西行漫记》,生活·读书·新知三联书店1979年版,第49页。

22. 中共中央文献研究室:《建国以来重要文献选编》(第4册),中央文献出版社1993年版,第661—662页。

23. 习近平:《在省部级主要领导干部学习贯彻党的十八届五中全会精神专题研讨班上的讲话》,http://www.xinhuanet.com//politics/2016-05/10/c_128972667.htm,最后访问日期:2021年5月5日。

24. 邓小平:《思想更解放一些,改革的步子更快一些》,载《邓小平文选》(第三卷),人民出版社1993年版,第264—265页。

25. 邓小平:《一靠理想二靠纪律才能团结起来》,载《邓小平文选》(第三卷),人民出版社1993年版,第111页。

26. 邓小平:《拿事实来说话》,载《邓小平文选》(第三卷),人民出版社1993年版,第155页。

27. 邓小平：《视察天津时的谈话》，载《邓小平文选》（第三卷），人民出版社1993年版，第166页。

28. 邓小平：《在武昌、深圳、珠海、上海等地的谈话要点》，载《邓小平文选》（第三卷），人民出版社1993年版，第373页。

29. 邓小平：《在武昌、深圳、珠海、上海等地的谈话要点》，载《邓小平文选》（第三卷），人民出版社1993年版，第373页。

30. 习近平：《把握新发展阶段，贯彻新发展理念，构建新发展格局》，载《求是》2021年第9期，http://www.qstheory.cn/dukan/qs/2021-04/30/c_1127390013.htm，最后访问日期：2021年6月5日。

图书在版编目（CIP）数据

跨越财富鸿沟：通往共同富裕之路/沙烨著.—北京：当代世界出版社，2021.8

ISBN 978-7-5090-1620-6

Ⅰ.①跨…Ⅱ.①沙…Ⅲ.①共同富裕－研究－中国Ⅳ.①F124.7

中国版本图书馆 CIP 数据核字(2021)第 147804 号

书名：跨越财富鸿沟：通往共同富裕之路
出版发行：当代世界出版社
地址：北京市东城区地安门东大街 70-9 号
网址：http://www.worldpress.org.cn
邮箱：ddsjchubanshe@163.com
编务电话：（010）83907528
发行电话：（010）83908410
经销：新华书店
印刷：北京中科印刷有限公司
开本：889 毫米×1092 毫米　1/32
印张：5.5
字数：105 千字
版次：2021 年 8 月第 1 版
印次：2021 年 8 月第 1 次
书号：978-7-5090-1620-6
定价：59.00 元

如发现印装质量问题，请与承印厂联系调换。
版权所有，翻印必究；未经许可，不得转载！